プロカウンセラーの一瞬で心を見抜く技術

前田大輔著 Daisuke Maeda

Forest 2545 Shinsyo

はじめに――「心理」を自在に扱う「心理の達人」になろう！

「心理」とは心の働き、行動に表れる心の動きであり「達人」とは豊富な経験と長年の鍛錬により、その道の真髄を体得した人のことです。「心理の達人」とは、「人の心を深く知り、人の考えや行動の仕組みを理解して、卓越した魅力的な生き方を実現できる人」を表現した言葉です。

もちろん、ここまでは「普通の人」で、ここからが「達人」と線引きできるわけではありません。しかし、「普通の人」と「達人」は、それぞれ異なった判断をしたり、異なった行動をした結果、「達人」は「達人」にふさわしい魅力的な生き方を実現しているのです。

「達人の人生」とは望むことが思ったとおりに実現していく人生です。それに対して「普通の人」の悩みはいつも「そんなつもりじゃないのに……」と言い訳したり「あ〜あ、こんなはずじゃなかったのに……」と後悔することが多い、ミスと反省ばかりの人生です。

別の言い方をすれば「後悔しない結果」に至ることが「正しい判断」なのです。

たとえ大金持ちになれなくても、有名になれなくても、人気者にはなれなくても、それが自分自身の納得できる生き方なら、何も後悔することはありません。

後悔しないことがわかっていればなんの迷いもありませんから、どんな仕事や人間関係であってもなんの不安もなく存分に、思いきり打ち込むことができます。まさに向かうところ敵なしという状態、そういった吹っ切れた気持ちで生きられるのです。

車の運転でいえば、速度超過を気にしながら時速五〇キロで走るのではなく、フルスロットルにしてアクセル全開フルパワーで走り抜けるストレスのない爽快《そうかい》な人生です。

実際、どんな苦しい修行をしても人間の能力が何倍にもなったりするわけではありません。しかし、現実には「心配しながらびくびく生きている人」と「迷いなく思いっきりがんばっている人」には、毎日の充実感や何倍もの収入の違いなどに大きな差が起きてしまうのです。

いつもいい気分で仕事に取りかかれたり、人と話したり人と関わることが楽しめる「達人」と、起きてもいないことを心配したり、済んだことばかり後悔して、人と関わることが苦手な「普通の人」は、いったいどこから違う人生になってしまうのでしょうか？

「達人」と「普通の人」この二つの人生を分ける重要なキーワードが「心理」なのです。

言うまでもないことですが「心理」は「現実」ではありません。「俺は現実を変えたいんだ」「私はこの現実が嫌なの」そう言われるかもしれません。

しかし、「心理」は「現実」よりはるかに強大で、「現実」を変える力を持っています。しかも少し理解を深めれば「心理」は「現実」よりはるかに柔軟で、扱いやすいものなのです。

ここで、私がよくやる面白い「心理の実験と説明」をひとつ紹介しましょう。

私はカウンセリングに来られた相談者に向かってこう言います。

笑顔で、でも結構まじめにしっかりした口調で……。

「明日、あなたに現金二〇〇万円差し上げます。受け取ってもらえますか?」

当然、相談者は答えます。

「え? 先生、そんなの冗談でしょう」

私　「ごめんなさい。もちろん冗談です」

相談者「あ～、びっくりした」

私　「やっぱり嘘だってわかりました?」

相談者「そりゃ、わかりますよ」

私　「でも笑ってましたよね」

相談者　「そりゃまあ、もらえれば嬉しいですからね」
私　「でも変ですよね」
相談者　「何がですか？」
私　「だって私は『明日、差し上げます』って言ったんですよ」
相談者　「だから喜んだんですよ」
私　「でも受け取れるのは明日なんですよ」
相談者　「え？」
私　「私は明日喜ぶことが起きると言ったのに……」
相談者　「はあ」
私　「あなたは今、喜んだわけです」
相談者　「そりゃ二〇〇万円あったらなんでも買えますからね」
私　「でもまだなんにも買ってませんよ」
相談者　「二〇〇万円あればどこでも行けますから……」
私　「でも、まだどこにも行ってませんよ」
相談者　「二〇〇万円あればなんでも食べられますし……」

私　「でも、まだなんにも食べていませんよ」
相談者「…………」
私　「そう。実際には何も起きていないんですが、それを想像すれば、それだけで笑顔になっちゃうんです」
相談者「…………（苦笑）」
私　「つまり人の感情は現実だけでなく、想像すなわち心理的な操作に対しても同じように反応するんです。嫌いな人を思い出せば、現実には居なくても不愉快になるし、事故で怪我をした場所を通りがかれば、それを思い出して思わず身体が緊張したり固く縮こまったりするんです。明日もらうお金の嬉しさも、今日感じてしまうんです。ちょっと大げさに言えば『心理は時空の壁を超越する』ほどの強大な力を持っているわけです」

「心理の達人」はこのような「心理の力」とその扱い方を熟知しています。
今日までその力や働きを意識せず、人と接し・判断し・行動した結果が、今のあなたなのかもしれません。

あなたが「普通の人」から「心理の達人」へ向かって意識した新しい生き方を始めれば、その結果であるあなたの人生も確実に変化し始めるのです。

心理カウンセラー
前田大輔

Contents

Contents

Contents

第3章 現代催眠(NLP)を駆使して「心を開く技術」

第4章

相手の心を動かす「心理テクニック」

Contents

Contents

第1章

心理カウンセラーに学ぶ
相手の「心との関わり方」

心理カウンセラーが持つ「心を開かせる技術」

◎「悩み解決のプロ」としての心理カウンセラー

心理カウンセラーは、通常なかなか人に言えないような深い悩みや相談を持ちかけられます。

もちろん相談する人が心理カウンセラーを「悩み解決のプロ」として期待しているからですが、心理カウンセラーは、極めて短時間のうちに相談者を安心させ、心を開かせて、人に話しにくいことであっても、いつのまにか聞き出す技能を持ったプロであるとも言えます。

実際、心の問題には奥深い原因があることが多いため、心理カウンセラーは相談者に「なんでそんなことまで聞くんですか？」と言われるような質問をすることもしばしばです。

無意識のうちに「知られたくない」「隠しておきたい」とかたくなに思っていることであっても、心理カウンセラーは、いつのまにか相談者が「まあ話してもいいか」とか「この人ならきっとわかってくれるだろう」と安心して話してもらえるようにうまく話を進めていくわけです。

もしあなたに心理カウンセラーのようなコミュニケーション技能があったらどうでしょう。

上司と部下、取引先との関係、夫婦や親子、友人や恋人などの間でも、言いにくいことや聞きにくいことが、もっとスムーズに理解し合えたら素晴らしいと思いませんか？

部下が仕事で失敗したとき、ありのままを速やかに報告し相談できる上司なら、部下にとって会社内で余計なストレスも起きず、上司も迅速なフォローができるでしょう。

子どもが学校でトラブルにあったとき、子どもが迷うことなく最初に相談できるのが両親ならば、両親にとってこれほど安心なことはありません。

どんなことでもお互いが冷静に受け入れて話せる夫婦ならば、隠しごとをせず、家族の問題として協力しながら解決できるかもしれません。

◎心理カウンセラーは「助言の達人」

さらに心理カウンセラーは「助言の達人」でもあります。

よりよい生き方をするのに欠かせない「健康な心」を取り戻す方法を知っているのです。

「あの人と一緒にいるとなんとなく楽になる、知らず知らずのうち元気になれる」という人がいます。

「元気な心・健康な心」とは何か？

どうすればそこに連れて行けるのでしょうか？

心理カウンセラーはそれを熟知しているのです。

だからこそ、悩んでいる人は心を開き、素直な気持ちで話せるわけです。

心理療法などの専門業種に携わっている人だけでなく、このように心理カウンセラーが持つ「相手を安心させ、適切な助言ができる」というスキル（技能）は、「心理の達人」として最初に学ぶべき基本の極意なのです。

◆

◆

それでは、さっそく心理カウンセラーが行っている仕事を理解し、その目的や方法についての本質・核心を学び「心理の達人」に一歩近づくことにしましょう。

心理カウンセラーの目標は「健康な心」

◎心を不健康にする三つのパターン

「自分にはこれしかない……」

「二つに一つしかないけれど……どっちになっても困るなぁ」

可能性をなくし、選択肢を減らして、なぜか自由から逃げようとする人。

「もし断られたらどうしよう……」

「あんなこと言わなきゃよかった……」

まだ起きてもいないことを心配したり、もうすんだことを後悔して、好ましくない感情にひたろうとする人。

「赤面で、声が震えて、汗かいて、頭が真っ白になって……えーっと他にもいっぱいあるんです」

「つい余計なことに手を出しちゃって面倒なことになるんです」

わざわざ問題の数を増やしたり複雑にして、ますます人生を面倒にする人。

「不健康な心」の人は、このように何かと好ましくない状態を引き寄せます。

心理カウンセリングの真の目標は、クライアントの心を健康な状態に導くことです。「健康な心」とは何かというと、それは次のような「好ましい状態」でいることです。

一つにこだわらず、より広い未来、より多くの選択肢を見つけようとする姿勢。～するしかないという閉塞《へいそく》感がない状態であること。


つまり、「自分には多くの可能性や選択肢がある」と感じている状態です。

「いろいろな職業の中で、私にはこれがいちばんだと思っている」という生き方をしている人に比べ、「これしかできなかった」という人は、何かにつけ自分への評価も低くなってしまうのです。

「多くの選択肢がある」というのは、自分の前には世界が広がっていて、いろいろな可能性があると感じていることです。そして今の人生は自分が選んだ人生だという誇りを持ち、自分に対する自己愛や自尊心を感じられる状態が「健康な心」の第一の特徴です。

次には、毎日の生活に楽しく心地よい気分でいられる「心の状態」であること。

不安、恐怖、怒り、憎しみ、妬《ねた》み、後悔といった不愉快な感情よりも、安心、希望、満足、勇気、感謝などの好ましい感情が多く浮かんでくる「心の状態」であること。

そういった好ましい感情、楽しくて気分のよくなることに知らず知らず意識が向くことが、「健康な心」である第二の特徴です。

最後は、何かにぶつかったとき、問題を単純化し、よりシンプルに考えられるということ。これが第三の特徴です。

悩みを持つ人、不健康な心の人は、物事を複雑にしがちです。複雑という意味には二つあって、ひとつは構造そのものを複雑にする場合と、問題の数を増やしてしまうという場合です。

何か問題があるとき、その問題の構造が複雑であれば、その構造を解きほぐして細分化し、たとえば「今日すべてを解決しなくてもいい。まずここから解決していきましょう」というふうに持っていくこともできます。

逆に、問題の数が多いときは、「それらの悩みは結局、これ一つが解決すれば済むのでは?」と導くのです。「あなたの抱えている悩みは、今の上司との関係がうまくいけば、すべて解決することじゃないんですか?」というような根本の解決を考えるわけです。

つまり、問題の数を減らしてシンプルにする、あるいは問題を増やしてもいいから一つ一つを単純にする。そういう方向に意識を向けられるのが「健康な心」なのです。

◎「心理の達人」の基本姿勢

私もカウンセリングをするときには、これら「健康な心」の三つの特徴を、いつも意識するために「広げて、楽しく、スッキリと……」と心の中で繰り返しています。

悩みを抱えやすい人は、この三つの特徴のうち、どれかが欠けているのです。

無意識のうちに選択肢の幅を狭《せば》めようとしたり、いつも不愉快なことに意識を向け、好ましくない感情を拾おうとしたり、しなくてもいいことをして問題を増やしたり複雑にしています。それを気づかせて、それとは反対の方向に持っていくのが、心理カウンセラーの仕事なのです。

カウンセリングには、いろいろなスタイルがあって、一〇〇人のカウンセラーがいたら、一〇〇通りのやり方があります。しかし、やろうとしていることの本質は、相談者の心を、より健康的な状態に持っていくというたった一つのことなのです。

そのために、カウンセリングでは、第2章で解説する欲求心理学を利用して人が持つ「無意識の目標」を見抜いたり、第3章の現代催眠のテクニックを使って意図的に人の「思い込み」をコントロールするわけです。

しかし、それらの心理学の知識、心理テクニックはすべて手段に過ぎません。目的はあくまでも、「健康な心」に導くことであることを忘れないでください。

いつも意識して相手の心や自分の心を「より健康な状態」へ向けて導こうとすることが、「心理の達人」に至る基本となる姿勢なのです。

「心理のプロ」と「心理学のプロ」はココが違う

◎心理学の理論や知識は目の前の問題にほとんど無力

「心理」を国語辞典で調べると、「心の働き」という意味のつぎに「心理学の略」と記述されています。ところが「心理の技術」と**「心理学」は使い道が違う、まったく別の道具なのです。**

実際には日常生活において「心理」と「心理学」を区別する必要などないのかもしれません。しかし、それを身につける目的から考えると「心理学」を学ぶことと「心理」を学ぶこととはかなり意味が違ってきます。

心理学とは「人がどのように反応し行動するか」というデータの統計から、その因果関係を分析し、理論的な体系を作る学問であり、その目的は「多くの人の反応や行動パターンの最大公約数を見つけること」だと言ってもよいでしょう。

たとえば、このような広告を見ると多くの人はこういう反応をして、こういう行動を取りやすいというような理論があれば、広告業者は非常に便利です。

狭い部屋で火災が発生すると、多くの人はパニック状態になってこういう行動を取りやすいので非常口はこの位置に作ったほうがいいという理論は防災の役に立つでしょう。

しかし、会社の上司が苦手だとか、目の前で恋人が泣いているとか、子どもが怖がっているというような「心の問題」に対して「心理学の理論や知識」は残念ながらほとんど無力です。

心理学者や心理学の大学教授といった「心理学のプロ」たちが、例外なく家庭円満で、子どもが立派に育ち、生き甲斐《がい》に満ちた人生を送り、学生からの好感度が抜群というわけではありません。

つまり、もともと不特定多数の心理を扱う「心理学」と、目の前にいる個性ある生きた人間を扱う「心理」の知識や技術は、道具としての役割が違うわけです。

◎心理技術は目的に合わせて使う「心の道具」

催眠術、ＮＬＰ、交流分析、コーチング、コールドリーディング、○○心理学などなど、心理に関する知識や理論や技術は実にたくさん存在します。当然、新しいものも古いものもあります。しかし新しい道具が古い道具より無条件に優れているということはありません。

おそらく金槌《かなづち》はねじ回しより先にできた古い道具ですが、使い道が違うので一つがあれば、もう片方は不要というわけではないのと同じです。

これから欲求心理学、現代催眠という心理技術を学ぶわけですが、「心理の達人」は「目的」に合わせて使うべき適切な道具を選ばなければいけません。「心理学ではこうなってている」とか「ＮＬＰを使うとこうなる」という考えにとらわれていては本末転倒です。「心理学」は不特定多数を対象とした便利な「心の知識」であり、「心理」は目の前にいる個性ある人間に、適切な「観察と対処」をするための「心の道具」なのです。

初対面の相手の心をつかむ！

◎相手に安心感を与える「パーソナル・スペース」

心理カウンセラーが、初対面の人と短時間で良好な関係を感じさせるために用いる接し方の代表的なテクニックに、パーソナル・スペース、ペーシング、イエス・セットという技法の三点セットがあります。

いずれも相手に安心感を与える具体的なテクニックで、詳しくは第3章で説明しますが、ここで簡単に紹介しておきましょう。

「パーソナル・スペース」というのは、無意識のうちに守っている相手との距離のことです。相手に安心を与えるためには、「相手に手が届かない最短距離」がベストだとされています。あまりに離れすぎていると親しみがわかず、しかし「手が届く距離」だと自分に危害を加えることが可能になるため、相手の無意識が警戒するからです。

また椅子に座る場合は正面や真横ではなく、できれば相手に対して九〇度（直角）の角度で座るのが理想的です。これは最も緊張感なく安心して話せる位置なのです。

◎「ペーシング」は相手に絶対気づかれないように

次に「ペーシング」というのは、さまざまな要素を相手に合わせていくことです。いちばん簡単な方法は、身振りや手振り、姿勢や呼吸、声の大きさなどを合わせていくことです。相手が座っていたら自分も座る。相手がゆっくりしゃべれば自分もゆっくりしゃべる。相手がうなずきながら話せば自分もうなずく。相手が飲み物に手をつけたら自分も同じようにする。

相手は、自分のしていることとまったく別のものを見せつけられるよりも、自分のしていることと同じことを見ている方が、安心できるのです。これがペーシングの原理です。
ただし気をつけなければならないのが、あなたがペーシングしていることを相手に絶対に気づかれないようにすることです。もし真似をしていることを見破られると、逆効果になってしまいます。

◎ペーシングの上級テクニック

その意味で、うまいペーシングのやり方に、目に見えないものを使ってペーシングをするという方法があります。見えないものとは、たとえば「好き嫌い」であったり「思い出」であったりします。

「あ、先生もジャズがお好きなんですか？ 私も家ではいつもジャズを聴いているんですよ」

相手が禁煙席に座っていたら、「あ、よかった。ボク、タバコ吸わないんです。どうも苦手でね。でも会社が分煙になってなくてホント弱っちゃうんです」とペーシングする方法です。

つまり「僕らは同じ感覚を持っていますね」ということを、実際には言わないけれど、自分たちは「同じ感性（好き嫌い）を共有している」ということを強調するわけです。すると相手はなんとなく親しみを感じ、気持ちが落ち着くのです。いわゆる「互いに心が開く」きっかけができるのです。

◎「イエス」でたたみかける「イエス・セット」

「イエス・セット」というのは、会話の中で相手に「イエス、イエス、イエス」と言わせることで、「ノー」と言いにくく、あるいは拒否的な態度を取りにくくさせてしまうテクニックです。

これは脳の純粋に生理学的な反応で、人は「イエス、イエス」と言い続けていると、急に「ノー」とは言いにくくなるという反応を利用したものです。

また人は「イエス」と言い続けていると、身体の緊張が弱まりリラックスしやすくなるという特徴があります。催眠誘導中などでも質問に対して「うなずく」などのイエス反応をするときは必ず呼吸が深くなるのがわかるほどです。

したがって、何かを質問するときには、相手ができるだけ「イエス」と繰り返して答えられるように質問するのが効果的です。


「今日は○曜日ですね」

「ええ」

「今日は○○○な天気ですね」

「そうですね」

「今、椅子に座っていますね」

「はい」

「私の声がちゃんと聞こえていますか？」

「ええ」

……

……

「誰だって気分がいいときもありますし、そうでないときもありますね？」

「ええ」

「親切にされると優しい気持ちになりますね」

「はい」

「でもバカにされたり無視されるといい気がしませんよね？」

「そうですね」


こんな感じです。どうでもいい世間話のような質問、あるいはどう考えてもイエスとしか答えられないわかりきったような質問でいいのです。

質問と言っても尋問ではありませんから、穏やかな口調でにこやかに笑顔で話すことです。意識して大きくうなずきながら話しかけるのも効果的です。このようにイエスと答えざるを得ないような質問を立て続けにすることで相手に気づかれないうちにイエス・セットが形成されていくのです。

相手の心に深く染み入る話し方

◎印象に残すための「暗示」

「先生、いつ暗示をかけるんですか？」

「もう会ったときからやってますよ」


暗示は、暗く示すと書きます。決して明るく見えるようには示しません。相手が気づかないように話すことを「暗示」と言うのです。

安心感を与える方法に加えて、心に残る話のやり方を紹介しましょう。

私のカウンセリングでは、なるべく相手にたくさん考えてもらうようにしています。そう言うと、黙っていることが多いのだろうか？　と思うかもしれませんが、その逆で、私はずっとしゃべり続けます。

「先生みたいにたくさんしゃべったら、相手が考える暇がないでしょう」と、よく言われますが、事実は違います。しゃべることによって、相手に考えさせる方法があるのです。

◎たとえ話で暗示をかけて、相手に考えさせる

カウンセリングのとき、私は落語のように一人で二人分を話します。

「こんな人がいましてね、こんなことを言ったんです」と話します。すると相手は、その人間のイメージを自分の中で作り始めるのです。


「それで、結局その人はどうなったと思いますか？」

「きっと結婚に失敗したと思います」

「しかも、それだけじゃないんです。その人はね……」


と会話を続けていくと、相手の頭の中には、もう立派な人間像ができているわけです。

「考えさせる」というのはそういう意味なのです。

こうやって「○○を〜〜していると結婚生活や仕事に失敗する」という暗示がかかっていくわけです。これが「心に染み入る話」「心に残る話」の秘訣であり、極意なのです。

◎自分自身で出した結論は自分では決して疑わない

このようなたとえ話は暗示です。「以前、結婚を控えたある女性がね……」と話し始めた時点で、相手の心にひとりの人物像が現れ、ストーリーの中で動き始めます。人とのコミュニケーションにおいて「ある結論を強く思わせたい」と願うなら、決してその結論を相手にストレートに伝えてはいけません。

その結論は、たとえ話、すなわち暗示で伝えるのが最も効果的です。なぜなら、たとえ話をすると、相手は自分の中で考え始め、自分自身で出した結論を信じて、疑わなくなるからです。

◎たとえ話の暗示効果でメッセージを心の深い場所に入れる

仮にもし、自分の無力を悩んでいる人に「無理に何かしようと思わなくても、今あなたにできることをすればいいんですよ」というメッセージを伝えたいとします。

そんな場合には、そのメッセージを直接そのまま伝えるよりも「たとえ話」の形で伝えると効果的です。

昔、ある貧しい村がありました。

そこをたまたま修行中のお坊さんが通りがかると村人が集まって泣いていたのです。

「どうして泣いているのですか」お坊さんが訊《き》きました。

すると目を真っ赤に泣きはらした女性が答えました。

「いま、生まれたばかりの私の赤ん坊が亡くなったのです」

さらに「お願いです。お坊様、この子のために……この子に何か供養してやってください」と懇願されたのです。

ところがそのお坊さんはまだ修行中でお経が満足に読めなかったのです。

　しかし、他に頼るところがなかった村人たちは、

「あなたはお坊さんでしょう。お願いします。何か供養してやってください。お願いします」とそのお坊さんに泣きついたのです。

　いくら修行中とはいえ、でたらめなお経を唱えることなどできるはずがありません。修行中のお坊さんはどうすればいいのかわからなくなって苦悩しました。

　しかし、やがて意を決したお坊さんは、その赤ん坊の亡骸《なきがら》を静かに抱きかかえました。

　そして……ただ慟哭《どうこく》したのです。打ち震えながら人目もはばからず鼻水を垂らし、ただ子どものことを思って長時間慟哭し続けたのです。

　最初は驚いた母親も村人も、その心を揺さぶるお坊さんの慟哭に向かっていつしか手を合わせました。

　やがてお坊さんが村を去るとき、母親と村人たちは彼の姿が見えなくなるまで心から感謝して見送ったのです。


……このたとえ話があなたの心に残したもの、それがたとえ話の暗示効果なのです。

自分で考えたことは自分では疑いません。したがってその結論はとても強い力を持ちます。決して誰かに説得されたという意識を持たず、時間が経《た》つにつれてさらに心に染み入ってくるのです。

くれぐれも「だから、あなたも自分にできる範囲で対応すればいいんだよ」などと結論を口にしてはいけません。もしそうすれば、今度は現実の自分の状況との比較を始め、否定的な結果を引き出しかねないからです。あくまで結論や教訓は相手に考えてもらわなければならないのです。

心の問題、悩みの原因はたった一つ

◎思った通りに生きられなくて困っているのではないですか？

「心の悩みがいくつあってもカウンセリングの料金は同じですよ。だって問題の原因はたった一つなんですから……」

私も最初に心理カウンセラーとして仕事を始めた頃は、いったいどんな悩みを抱えたクライアントが来るのだろう……と少々不安がありました。果たして、数多くある悩みに対して適切に助言をしたり、すべての問題に的確に対処できるのだろうか……と。

しかし、数千件のカウンセリングを経験した結果、心の悩みというものは、結局のところたった一種類（ひとつ）しかないということがわかってきたのです。

そう言うと、「え？」と思う方が多いと思います。

悩みなんていくらでもあるじゃないですか……って言いたくなる気持ちもよくわかります。

でも、あえて言います。悩みはひとつだけなのです。

それは、「思った通りに生きられなくて困っている」という悩みです。

「人前で緊張して困る」「禁煙したい」「食べ過ぎに注意してダイエットしたい」「別れた人のことが忘れられない」「上司とうまくやりたいが性格が嫌い」……などなどなど。

一見、いろいろ違う悩みに見えますが、すべては自分の願う理想と現実とのギャップです。しかもそれは、形のある現実の問題ではなく、自分の心や気持ちから来る悩みです。

心の悩みを、どんどん整理していくと、最後はひとつになってしまうのです。

相談に来られた人から、ひととおり苦しんでいること、悩んでいることをお聞きした後で「要するに、思った通りに生きられなくて困っているんですね？」というと、来られた相談者の人々は、みなさん苦笑されるのです。思わず大笑いされた方も少なくありません。

どうしていいのかわからない、と悩んでいる人も、この事実を理解してもらうことで、つまり悩みを整理しシンプルにすることで「そうか、たったひとつの悩みなんだ」と、スッキリ楽になれるのです。

◎心の悩みとは、無意識と意識の葛藤

人前に出ると緊張してしまう、という悩みを持つ人がいます。頭ではわかっているけれども、気持ちや身体がそうならない。一〇〇人の前に立って仮に話に詰まったところで、生命や財産が脅かされるわけでもない。頭ではちゃんと理解しているのです。

でも、人前に出ると、異常に緊張したり、焦ったり、声が上ずったり、汗をかいたり、顔

が赤くなったり、足が震えたりする。すべて頭ではわかっているけれど、気持ちや身体がついてこない。そういった問題なのです。

そして「できない」「なれない」というのは、意志の力が届かない無意識の部分です。意識（頭）はちゃんと理解しているので、心の悩みとは、無意識と意識の葛藤《かっとう》であるともいえます。

それなら意識と無意識の（自分の内側での）コミュニケーションがうまくいけば、こうした悩みは解決するはずです。

逆から言えば、内側のコミュニケーションが良くない状態のままで、結果だけを変えるやり方は不自然であり、無理があるということなのです。それはまるで、傷んだ食べ物を食べながら腹痛の薬を飲んでいるようなものです。

辛《つら》い症状、好ましくない状態という結果ばかりに注意を向けるのはやめて、その原因である自分自身の内部コミュニケーションを回復しなければなりません。

虐待され続けている子どもが、突然、健康になったり幸せになったりすることはあり得ません。今すぐ虐待を止め、本人に自分が大切にされているという愛情を実感させることが必要なのです。

苦しんでいる心の問題と身体の問題はまったく同じメカニズムなのです。

「本当のストレス」はなかなか気づかない

◎心理的ストレスの本当の原因とは？

「嫌なことがあるんです」
「それはストレスじゃありません」
「嫌なことがあるけど我慢できます」
「それはストレスの原因になりますよ」

すべての心理的な問題は、ストレスから起きると言われています。ではストレスとはなんでしょう？

「知っていますよ。ストレスというのは、嫌なことでしょう。嫌だと思うことがストレスなんでしょう？」

いいえ、違います。嫌なことは誰にでもあります。それがストレスの要因になることもありますが、原因そのものではありません。姑《しゅうとめ》に意地悪をされている、子どもが言うことを聞いてくれない、近所の人にヘンな噂をされている——これらはすべて要因のひとつに過ぎないのです。

ではあなたは、そうした状況でいったい、何をしていたのでしょう？

「わたし、〇〇しなきゃいけないと思って我慢したんです」

そう、それがストレスの原因なのです。

◎それは自分自身に対する虐待です

ここで、ひとつお訊《たず》ねします。

あなたは、以前からずっと嫌いだった人からいじめられるのと、あなたが今まで味方だと思っていた人に裏切られていじめられるのと、どちらが辛いですか？

………きっと後者のほうだと思います。

では、もう一つお訊きします。

あなたが世の中でいちばん信用できるのは誰ですか？

世の中で、あなたが死ぬときに一緒に死んでくれるほど、あなたを頼りにしているのは……それは、あなた自身以外に誰もいないはずです。

だからこそ、あなたがいちばんあなた自身と仲良くならなければいけないし、いちばん信じて、いちばん理解しなければならないのです。

それなのに、ストレスで悩み苦しむ人々は、自分で自分のいちばんしたいことを後回しにしたり、我慢させたりして、裏切ったりしているのです。それはまさしく自分自身に対する虐待行為です。

大げさだと感じますか？

「それほどひどいことはしていないよ……」と思いますか？

◎「ストレス」が始まる瞬間

では、もう一つ例を出しましょう。

暑い夏の日、会社では冷房をガンガンに効かせています。思わずあなたが言います。


「部長、ちょっとエアコンが強すぎて寒いんですけど、少しゆるめてもいいですか？」

「我慢しろよ。俺たちはまだいいよ。デスクワークだからな。でももうすぐ営業のやつらが汗をかいて外回りから帰ってくるんだ。かわいそうじゃないか。お前、寒いんならカーディガンでも着て、ひざに毛布でもかけておけよ」

「……それもそうですね。わかりました。我慢します……」


そう言った瞬間、ストレスが始まるのです。

さっきまで、あなたはあなた自身の味方だったのです。「エアコンゆるめてもいいですか？」と聞いたときまでは。心と身体と頭が同じ方向に向かって、自分を助けようとしていました。

ところが、部長が「我慢しろよ」といったときに、「頭」で仕方ないかな……と理解したのです。

しかしあなたの心と身体は「頭」のようには受け入れられなかったのです。つまり「頭」という理性が、心や身体を見捨てて裏切ってしまったのです。

そうやって、人はだんだん自分自身を認めなくなっていきます。そこから心の悩みが生まれるのです。「なんだか、私、自分のことが好きじゃないな……」と。

ストレスとは何かを理解することは、心の悩みの本質を理解することにつながります。

ストレスとはまさに、あなたの無意識と意識の内部コミュニケーションが、うまくいっていないことそのものなのです。

「思い込み」や「とらわれ」は行動や言葉に出る

◎正常と異常の境目はどこか？

次の行為は正常ですか？　それとも異常でしょうか？

「毎朝、起きたらコーヒーを飲む」
「手を洗うとき、石けんを使って洗う」
「出かけるときは、家中の戸締まりを確認する」

では、同じことをこのようにすればどうでしょうか？

「毎朝、起きたらコーヒーを飲む……二〇杯ずつ」
「手を洗うとき、石けんを使って洗う……一個なくなるまで」
「出かけるときは、家中の戸締まりを確認する……二時間かけて」

正常と異常の違いは判断や行動そのものではは計れません。
そこに費やされている意識や時間の集中の度合いによって決まってくるのです。
悩んでいる人は、いつも何かを「思い込み」「とらわれて」います。

◎「思い込み」「とらわれ」をすっきり解除する方法

たとえば、自分が幸せになるにはどうすればいいのか、と考えている女性がいるとします。
今、彼女は不幸です。それは彼が浮気をしているからと「思い込んで」いるからです。彼の浮気をやめさせなければならない。彼が浮気をやめさえすれば、幸福になれる。そう考えて、自分が幸せになるという本来の目標を忘れて、彼の浮気を阻止することが第一目標になってしまうのです。彼の携帯電話をチェックし、着信記録を調べて怪しげな電話番号を探りだし、もんもんと悩み始めます。これが「とらわれ」です。

何かを「思い込み」「とらわれて」いるかいないかは、その人の行動や言葉の特徴から判断できます。

「思い込み」「とらわれて」いる人たちは、「いつも」「何かにつけ」「みんな」などの言葉が大好きです。そのような言葉に出会ったら、心理カウンセラーはこう返します。

「先生、私はいつも、人の目が気になるんです」
「今も、人の目が気になっていますか？」
「いや、大丈夫です。今はなっていません」
「ならば、いつもじゃないじゃないですか。いつもと言うけれど、今はなっていないでしょう？　人の目が気になっていないときがあることを忘れていませんか？」

こうして、本人が「思い込み」「とらわれて」いることを解除してあげます。これだけでも十分に悩みの解決になることがあります。つまり、相手が何を「思い込み」「とらわれて」

いるかを、気づかせてあげるのです。

「トラウマ」の正しい扱い方

◎トラウマは理性が気づいていない部分にある

「先生、私にはトラウマがあるんです」
「いいえ、それはトラウマじゃないと思いますよ」

「これは大したことないからトラウマじゃないですよね」
「それがトラウマかもしれません」

悩んでいる人は、たいてい「トラウマ」という言葉が大好きです。

私のカウンセリングルームには、よくこういう相談者が訪れます。


「先生、昔にこういうことがあって、それが原因でこうなっちゃったんです。きっとトラウマになっているんですよね」

「それは違いますよ」

「なぜわかるんですか?」

「だって、それが原因だって、気がついているのでしょう? 気がついているなら、たぶん違うと思います。トラウマは、あなたの理性が気づいていない部分、わかってあげられないところで起きているんです。理性でわかっていたら、あなたは意識的に工夫して、きっとトラウマを解消していますよ」


トラウマは、出来事ではないのです。ましてや辛い過去、悲しい経験でもありません。真の原因は別のところにあります。わかりやすく説明するために、こんなたとえ話をしてみます。

ここに小さな箱があります。私はあなたに言います。

「これ、お土産です。どうぞ持って帰ってください」

「ありがとうございます。何が入っているんですか？」

「爆弾です」

「ええ！　そんなのいりませんよ」

「嘘です。本当はお菓子です」

「な〜んだ。お菓子なんですか」

「いや爆弾です」

「いったいどっちなんですか？」

「知りたいですか？」

「もちろん知りたいです」

「自分で箱を開けてみればわかりますよ」

「それもそうですね」

そう言われて、あなたは箱を開けます。箱の中はカラッポです。そこで私は言います。

「この箱には何も入っていないけれど、爆弾だと思ったら怖かったでしょう？　お菓子だと思ったら嬉しかったんですね？　実際には何も入っていなくても、あなたが中に○○が入っていると信じ込めば、立派にその働きをするわけです。つまり、あなたの心の中で起きていることは、事実かどうかではなく、あなたがどう思ったかで決められているんです。だからあれがトラウマになっていると心から信じ込めば、実際にトラウマがあるのと同じことになってしまうんです」

トラウマになってしまう真の原因とは、実はあなた自身が、その出来事をきっかけに、自分自身のことを信用できなくなってしまった、ということにあるのです。

あなたがあなたの味方ではない、と信じ込んでしまった。あなたがいちばん困ったときに助けてくれるのが、実はあなたではなかったことがバレてしまった結果なのです。

◎トラウマの本当の犯人は自分を裏切った自分自身だった！

小さい頃にいじめられたことがトラウマになって悩んでいる、という人が相談に来たとき、私は次のようなカウンセリングを行いました。


「……なるほど、そのときのことを思い出すと、どんな感情が浮かんできますか？」

「悲しいです」

「ほかには？」

「悔しいです。仕返ししてやりたい。もう止《や》めてくれって言いたい」

「なるほど……。で、その時、あなたは止めてくれって言ったんですか？」

「言ってないです」

「どうして？」

「だって、そんなことを言ったら、余計いじめられるじゃないですか」

「なるほど。そんなことを言ったら、余計いじめられる……理性的な判断ですね。でも、そのときいちばんしたかったのは、止めてくれって言うことだったんですよね。でも実際には行動しなかった。余計にいじめられるから、我慢しろって誰かが言ったんです。それは誰ですか？　あなたの味方ですか？　それとも敵ですか？」

「……わたし自身です。味方のはずなんですけど……」

つまり、トラウマの本当の犯人は、自分を裏切った自分自身だったのです。

その当時、いじめていた子どもたちに、本人がもう二度と会うことはないでしょう。そんなことは、もうどうでもいいのです。

問題なのは、本当にいじめていた犯人と、今でもずっと一緒にいることなのです。

しかもその犯人は、自分では悪くないと思っています、罪を理解していないのです。もちろん謝ってもくれません。このことを理解しないかぎり、真のトラウマは永久に解決しないのです。

これが、私の心理療法で行っていることの一例です。あの当時、いちばん言いたかったことを、もう一度思い出して言わせてあげる。そのために、少しだけ古典催眠（催眠術）を使います。

要するに、自分の中で、もう一人の自分と、きちんとコミュニケーションを取らせてあげるのです。

自分のことが信用できるようになれば、トラウマは存在する意味がなくなり解消します。そうなれば、自分に自信を持つことができるのです。自分を信じることが、言葉どおり本当の「自信」なのです。

「心理の達人」のもっとも重要な極意のひとつ「心の悩みの本質を理解する」という意味が、おわかりいただけたでしょうか？

マズローの欲求段階説の使い方

◎悩みがなければ幸せですか？

心理カウンセラーの仕事は、悩みを解決するだけではありません。

悩みがなくなれば、それで人間は幸せでしょうか？

そうでもないと思います。

人間は、生きがいや目標を持たなければ、幸せとはいえません。ときには、未来がないと思えるときでも、生きがいや目標さえあれば、先へ進むエネルギーが出る場合もあるのです。場合によっては、生きがいを探す、目標を見つけることが、悩みを解決するひとつの方法になることもあります。

心理カウンセラーは、悩みを解決するばかりでなく、相談者に対して、生きがいや目標を見つけるお手伝いもします。そうしたときに役に立つのが、アブラハム・マズローの「欲求段階説」です。

これはもともと心理学の理論で、実践的なテクニックではないのですが、使いようによっては、心理カウンセリングだけでなく、日常のコミュニケーションにも、有用なツールになります。

欲求心理学については、次の章で詳しく説明しますが、ここでは、A・マズローの「欲求段階説」を実践的なコミュニケーションに役立つように紹介しましょう。

◎マズローの「欲求段階説」とは？

「欲求段階説」とは、米国の心理学者、A・マズローが提唱した説で、心理学をかじった人であれば、おそらく誰もが名前くらいは知っていると思います。

人間の欲求は、五段階のピラミッドのようになっていて、底辺から始まって、一段階目の欲求が満たされると、一段階上の欲求を志すという有名な学説です。

A・マズローは、人間の欲求段階には、**①生理的欲求、②安心・安全の欲求、③親和の欲求、④自我の欲求、⑤自己実現の欲求**、があると考えました。

理論的なことを説明し始めると難しくなるので、私なりに簡単に説明してみましょう。

一匹のサルの話です。

そのサルは、まずお腹《なか》が空《す》いていたので食べることに必死でした。ある所でエサを見つけ、ようやく腹一杯食べることができました。これで①の「生理的欲求」が満たされました。

でも、今日食べられても、明日食べられるかどうか心配です。そこでサルは、明日も食べられるように、エサを隠しておくことにしました。②の「安心・安全の欲求」が満たされました。

食べ物の心配がなくなると、自分が病気や怪我で動けないときでも、仲間がエサを取ってきてくれるような環境が欲しくなりました。そこで仲間をたくさんつくりました。③の「親和の欲求」が満たされました。

そのうち、仲間の中で家族をつくりました。みんなにうらやましがられるような家族です。そのサルは頭角をあらわして、仲間から一目置かれるグループのボスになりました。④の「自我の欲求」が満たされました。

しかしボス猿というのは、いつか必ず次の若いサルによってその地位を奪われます。いつまでもボス猿として君臨を続けることはできません。そこでボス猿は引退し、新たに自らの目標を見つけました。他のサルによって認められるのではなく、自分がこれでいいと満足できるような価値を見つけたのです。そして死ぬまで、それを楽しみ、自己を成長させながら、幸福に暮らしました。この段階で⑤の「自己実現の欲求」が満たされたのです。

◎欲求段階を踏まえた「適切なアドバイス」と「不適切なアドバイス」

さて、このA・マズローの「欲求段階説」を使うと、どんなことができるのか解説しましょう。

まず、相手がどの欲求段階にいるかを確認すれば、その次の欲求段階の目標を示唆してあげることで、適切なアドバイスができます。

たとえば、現在「親和の欲求」の段階で悩んでいる人には、「自我の欲求」を達成させるようなイメージを持たせてあげます。すると視野が広がって、生きがいや目標が生まれ、安心感が広がってくるのです。

この欲求段階には、下が解決しないと上には行けないというルールがあります。つまりひとつずつ段階を踏んで行かなければ、自己実現の欲求まで、たどり着かないのです。

では逆に、その人の現在の欲求段階を無視するとどうなるのか。

不適切なアドバイスの例です。

ゲームばかりしている子どもに向かって、親はよく「そんなゲームばかりしていると、大人になって食っていけなくなるぞ」などと小言をいいます。

これは、ゲームがうまくなって仲間たちと一緒に遊びたい、という「親和の欲求」の段階にいる子どもに向かって、すでにクリアしたはずの（現在何不自由なく食べているわけなので）下に位置する「生理的欲求」を示唆していることになります。これでは、なんの目標にもならず、その子どもに対して、まったく説得力がありません。

◎段階を飛び越えたアドバイスも駄目

また、きちんと順番に段階を踏まないようなアドバイスも、説得力に欠けてきます。たとえば、食べていくのに精一杯な、「生理的欲求」段階にいる人に向かって、「そんなことではリーダーになれないぞ」と、「自我の欲求」を突きつけても、言われた方はピンと来ないでしょう。適切なアドバイスの基本は、うまく次の欲求段階の目標を教えてあげることなのです。

がんばって勉強して、学校に入ったとたん、やる気をなくす学生がいます。それもわかります。それまでは、学校に入ることが目的だったからです。そんな学生に、どんなアドバイスがいいかというと、④の「自我の欲求」を目指すことです。

すでに学校に入って仲間ができた、つまり③の「親和の欲求」は満たされたわけですから「次は、その仲間たちの中でリーダーになることを目指し、グループを引っぱっていく存在になるという喜びがある」などの目標を示唆してあげるのです。するとその学生は、新たな欲求段階の目標を持つことができて、再びやる気を出すチャンスが生まれるというわけです。

目標を見失ったらどうすればいいのか？

◎定年退職してウツになる理由

現実の人間社会の中での欲求成長過程で、いちばん難しいのは、「自我の欲求」から「自己実現の欲求」への移行です。

基本的に人間は、「自我の欲求」で終わります。仲間ができ、組織ができて、リーダーになった。その次に、何があるというのでしょう？

その次の段階、「自己実現の欲求」にうまく移行できない人は数多くいます。

定年退職してウツになったりする人たちが典型的です。自分で自分の人生の目標を決めないで、会社に決められた仕事や作業のノルマをこなすだけの毎日を送ってきた証拠です。

会社に目標を設定されると、がんばって仕事をする。そして会社からよくがんばったとほめてもらえる。しかしそれは会社の目標であって、その人の目標ではないわけです。だから、「ご苦労さん、もう会社をやめていいよ」と言われると、目標を見失って、なにをしたらいいのか？　と落ち込んでしまうのです。

退職金をもらって、仮に一生食べていく心配がなくても、生きがいがなくなって、つまり「自己実現の欲求」という目標が見つけられずに、不幸せになってしまうのです。

そんな時、食べていく心配がないなどと、今より下の段階の「生理的欲求」の満足で自分を納得させようとしても無理なことも理論どおりです。

◎自己実現とは「他人に左右されない自分になる」こと

しかし自己実現というのは、それほど大げさなことではありません。簡単にいえば「オレはこれでいいんだ」という達成感があればいいのです。「オレは大金持ちじゃない、でも家に帰れば、オレを世界でいちばん信頼している子どもや嫁さんがいたりする。そうしたかけがえのないものを手に入れた。オレはこれでいい、これで幸せなんだ」と、自分の中で満足することもできます。

最後に求めるものは、自分が信じている自分だといっていいかもしれません。

地位や名誉や金などを手に入れることではなく、自分がなりたい自分になる、自分がそのレベルになる、その状態の自分を目指す、という心理状態のことです。

自己実現というのは、端的に言えば、他人に左右されない自分になる、と言い換えることもできます。

他人の評価に依存しないで、本当の意味で自立をして、自己完成をする。逆に言えば、人に頼っている限り、いつまでも「自我の欲求」からは抜け出せないのです。

最終的には、自分の目標を自分で決め、自分で満足できる生き方をする。そのためには、前述したように自分を理解し、好きになって、応援してあげる必要があります。そういった生き方の手助けをしてあげるのが、心理カウンセラーの仕事であり、「心理の達人」が目指す姿勢なのです。

第2章

欲求心理学で知る「相手の心を見抜く方法」

「欲求心理学」で相手の考えや行動を予測する

◎「欲求」を理解すれば「心」がわかる

「なぜあの人はあんなことを言ったり、あんな行動を取るんだろう？」

人の考えや、行動は予測できないことばかりで、それに振り回されることも少なくありません。

もし、人の考えや反応、行動が予測できたらどんなに苦労や無駄のない生き方ができるでしょう。

そもそも「人の心」とはなんでしょう。

……それは取り留めのない深遠な難しい大問題のような気がします。

ところが、実は「心とは欲求である」と考えることができます。

すなわち「欲求」がすべての始まりで、そこから気持ちや感情が生まれるのです。

たとえば、人はお腹が空いたり、喉が渇くと、食べ物や水を求めて行動を起こします。無事にそれが手に入れば、満足・安心・喜び・感謝などの感情が生まれるかもしれませんが、そのために誰かと争えば、不満・敵意・怒り・恐れ・後悔などの感情が生まれるでしょう。

逆になんの欲求もなければ、その結果に対する満足も不満もないので「心」は動かないことになります。

ですから「心を理解する」というのは「欲求を理解する」ことであり、**「人の心を理解する」とは、「その人が何を欲しがっているかをわかってあげること」**ということになるわけです。

人が求めるものは、実にさまざまです。

また嫌うものや恐れるものについても大きな個性の差があります。

実際に何年もかけて人と出会い続けたとしても、一人一人異なった性格の人間をすべて把握することはできません。そこで第一章で解説したように「心理学」という不特定多数の人間の判断や行動を調べてパターンを分析し、統計結果から法則をみつける学問を道具として利用するわけです。

心理学を学ぶと、人の考え方や行動が予測できる場合があります。ですからこれは間違いなく有用な知識だと言えます。事前にその人が何を好み、何を嫌うのか、その欲求の原点を知ることができれば、人の心を見抜くことが容易になり、より目的に合った接し方や会話ができるようになります。


法則や統計には必ずマイノリティーという少数例外があります。

しかし、ごく少数の例外を恐れていては、どんな心理学理論も活用できなくなってしまいます。

心理学を学ぶにあたってはこの点を最初によく理解することが重要です。

そして、どの心理学理論も実践するためのパワフルな道具にできなければ価値はありません。

さらに、あなたがこれまで「習慣という無意識」で行ってきた判断や行動を、目的に合わせて「意識化する」必要があるのです。

・心理学理論の本質を理解し、実践に使えるよう少数例外を恐れないこと。
・意図する目標のために自分の判断や行動を「意識化する」こと。

この二つのポイントが心理学を実践的に使うコツだと心得てください。

誰もがあてはまる三つの欲求タイプ

◎人間の欲求は三タイプしかない

複雑に見えても、本質的に考えれば人間の欲求は三つしかないので、それさえきちんとおさえておけば、人の行動や感情のパターンを分析・予測することができます。

この本では、心理学を「生きた技術」として使えるようにするため、まずこの三つの欲求タイプの分析を徹底的にマスターし、実践的なテクニックを身につけることを目指します。
まず、三つの欲求タイプは、左図のように、「本能欲求タイプ」「感情欲求タイプ」「理性欲求タイプ」に分けられます。

本能欲求タイプというのは、勝つことを望み、優位に立とうという行動をとる人のことを言います。強くなりたい、一目置かれたい、という目標を持って行動します。このタイプの人は、バカにされたり、なめられることを最も恐れます。

感情欲求タイプというのは、楽しいことを重視する欲求タイプであり、子ども時代と同じように行動し、考え、感じているときの欲求タイプです。他人から好意を持たれたい、人気者になりたい、という目標を持って行動します。彼らは、嫌われること、仲間はずれにされることを最も恐れます。

そして、理性欲求タイプというのは、事実を重視する欲求タイプです。理性的な判断に基づいて現実を吟味しながら目標を達成したい、得をしたいという目標を持って行動します。この欲求タイプの人は、結果が出せないこと、損することを最も恐れます。

三つの欲求タイプとその特徴

自我状態	本能 欲求タイプ	感情 欲求タイプ	理性 欲求タイプ
目標	勝つこと	好かれること	得をすること
判断の 特徴	断定的	感覚的	理性的
表現の 特徴	常套句 慣用句	おおげさ 流行語	数字 実例
言動の 特徴	・弱みを見せない ・急に怒り出す ・人をバカにする	・受けようとする ・助けてほしい ・決断しない ・人に合わせる	・いつも目的が明確 ・人は人、自分は自分 ・資料をうまく活用する

◎「欲求タイプ」ってなんだ？

欲求タイプというのは、簡単に言えば、その人間が何を「安心」と感じるかという分類です。

「欲求心理学」では、無意識のうちに安心するために手に入れようとするその目標を欲求タイプと呼んでいるのです。

なお、欲求タイプは一人の人間において刻々と変わっていくように見えます。一つの欲求タイプとしての判断や行動がずっと続くわけではありません。

遊んでいるときは感情タイプ、ゲームや試合中は本能タイプというような感じです。

でも、やはりいちばん安心できる欲求タイプがあって、いつのまにかそれを求めている……そんなものだと理解していただくとよいと思います。

相手の関心事は大別すればたったの二つ

◎相手の関心事は現実か？　気持ちか？

この三つの欲求タイプを、さらに単純にすれば、本能&感情欲求タイプと、理性欲求タイプの二つに大別できます。

言ってみれば、本能欲求タイプと感情欲求タイプの最大の関心事は気持ちです。「好かれたい」「嫌われたくない」「バカにされたくない」「なめられたくない」「尊敬されたい」。これはすべて現実ではなく、気持ちの問題です。

世の中には、相手にお世辞を言われていれば、少々損しても構わないという人間（本能欲求タイプ）がいます。

「奥様、美人ですね。奥様には、こちらの高級なドレスのほうがお似合いです」

こう言われると、現実にはそちらのほうが損だと思っていても、買ってしまうのです。安いほうを選ぶとバカにされると考える。バカにされるくらいなら、損をしてでも高いほうを買おうと考えるのです。つまり本能欲求タイプの望むものは、現実以外の尊敬であったり、お世辞であったり、評価であったりするのです。

また小さな子ども（感情欲求タイプ）は、好意を持たれることが第一です。そして楽しくなくちゃイヤ、面白くなくちゃイヤなのです。

たとえば、自分のサイズにぴったりの靴があっても、多少痛くても小さくてかわいい靴を選んで学校に履いていきます。「（サイズがぴったりの靴は）かわいくないからイヤ……」というのがその理由です。

かわいい靴を履いていくと、みんなから関心を持たれる、かわいくない靴を履いていくと、友だちから嫌われるかもしれないと考える。現実よりも自分の気持ちのほうを大事に考えるのです。

一方、理性欲求タイプの最大の関心事は、現実です。極端に言えば「要するに、どんな結果を出したのか？」ということです。「誰がやったんだ」「注文は取れたのか」「結局、うまくいったのか」など。

理性欲求タイプはあくまでも事実に基づき、現実を重視します。

可能か不可能か、手に入るのか入らないのか、それがいちばんの関心事なのです。現実のトラブル、不能率、判断の間違いや損失、そういうものを非常に恐れます。

これを知っておくと、たとえば電話で相談や質問を受けても、相手を判断するのが、とてもラクになります。

「何を困っているのですか？」と聞いたとき、現実の状況から説明するタイプと、感じている気持ちから説明するタイプの、二つに分けられるのです。

もちろん、両方の要素を兼ね備えているように見える人もいます。けれども、よく話を聞いたり、行動を観察していると、優先している考え方や守ろうとするものが必ずあることがわかります。

相手が望むこと、恐れることを素早く見抜く

◎行動の目的を分析して相手を動かす

すべての行動は、何かを期待することから始まります。

走っている人間がいます。でも、「ただ走っているだけ」という人間はいません。トイレに行きたいので走っているのかもしれないし、彼女との待ち合わせに遅れそうなので走っているのかもしれません。

いずれにせよ走ること自体が目的ではありません。

行き先はどこなのか。何を求めているのか。つまりその人が、何をいちばんの価値基準としているのか。何を望んで行動しているのか。何を恐れて行動しているのか。

その根本を分析するのが、欲求心理学です。

「心理の達人」は、素早く人間の反応パターンを分析し、その人が何を望み、何を恐れているのかを判断します。そして、その分析をもとに、慰めたり、注意したり、励ましたりして、効果的に相手を動かしていくのです。

簡単にいえば、相手が「恐れること」をいち早く見抜き、効果的な言葉がけをしていくのです。

◎事業企画を提案する場面で欲求心理学を使う

たとえば、ある事業企画を社長に提案するとします。そのとき、社長が理性欲求タイプであった場合、つぎのような言葉は、あまり効果を発揮しません。

「社長、この事業を成功させれば、地域社会から尊敬されて、ライバル会社からも一目置かれますよ」

それよりも、「社長、この事業をいま立ち上げなければ、出遅れて損をしますよ！」と言ったほうが、気持ちを動かすことができるのです。

逆に、その社長が本能欲求タイプだった場合は「この事業は儲かります」という言葉よりも、「いまこの事業を立ち上げなければ、ライバル会社にバカにされますよ」と言ったほうが、効果的です。

このように欲求心理学は、人をその気にさせる技術として非常に使いやすい、実践的なノウハウです。ぜひ身に付けておきたい知識なのです。

三つの欲求タイプの具体的な特徴

◎分析するときは「理性欲求タイプ」的に判断しなければならない

他人の欲求タイプを分析するときに、注意しなければいけないのは、まず自分自身が理性的に考えることを意識することです。分析する本人が、あまり本能的であったり感情的であったりすると、正しい評価はできません。

理性欲求タイプというのは、冷静に、いつも事実に対して正しく分析できるからこそ理性的なのです。

ちなみに理性欲求タイプは、理性的であるという目的を達成するために、手段として本能欲求タイプや感情欲求タイプの演技をすることがあります。

人間の中には、他人に従いたいとか、守られたい、保護されたい、かわいがってもらいたいと感じる人(感情欲求タイプ)がいます。そういう人に対しては、あえて本能欲求タイプで接する必要もあるからです。

このように、人を分析するにあたっては、まず自分自身が意識して理性的になることが非常に重要なのです。

◎三つの欲求タイプを詳しく分析する

ここでは、他人の欲求タイプを分析するために、三つの欲求タイプについてさらに詳しく見ていきたいと思います。それぞれの欲求タイプには、どのような具体的な特徴があるのでしょうか。

まず、本能欲求タイプの場合。本能欲求タイプの目標は、繰り返しますが、優位に立つこと。一目置かれたいと思うことです。そういうことを望んでいる人がいちばん恐れることは、軽視されること、バカにされることです。

そして、物事の判断にあたっては、断定的、独断的です。基本的に人の話を聞きません。しかも権威的です。自分に権威がない場合は、他からでも権威を持ってきます。「昔から言うだろう？」という具合です。そして判断に利己的な場合が多いのも特徴です。オレのものはオレのもの。おまえのものもオレのもの。まるで『ドラえもん』に出てくるジャイアンみたいですね。本能欲求タイプの態度の特徴は、相手を指さす、腕組みをする、大声で怒鳴る、同じことを言う、相手を子ども扱いする、などです。

次に理性欲求タイプの目標は、目的を達成することです。目先の感情に左右されず、儲けたい、得したい。そのため、物事の判断にあたっては、非常に理性的、論理的、科学的です。主観的ではなく、客観的に物事を判断しようとします。事実やデータに基づき、公正な判断をしようとします。

そういう人がいちばん恐れることは、結果が得られないことです。最初に決めた目的が達成できないことを、非常に恐れます。

理性欲求タイプの態度の特徴は、無駄な言動がないこと、計画的に行動する、相手の言い分を聞く、相手をよく観察する、などです。たとえ話がうまく、数字や実例を使うのも特徴のひとつです。

最後に、感情欲求タイプの目標は、人気者になって、人から好意を持たれることです。そういう人間がいちばん恐れるのは、嫌われること、仲間はずれにされることです。物事の判断は好き嫌いが中心です。さらに自分の決断を避け、他人に追従しやすいのも特徴です。「みんなどうするの？　ボクもみんなと一緒でいいよ」というのが基本姿勢です。

感情欲求タイプの象徴的なポーズは、頭に手をやる、上目遣いをする、黄色い声で甘える、オーバーアクションなどです。

◎責任のとり方に見る三つの欲求タイプの違い

ちなみに責任感に関しても、三つの欲求タイプは異なった特徴を示します。何か問題が起こったとき、理性欲求タイプは、まず原因を追求します。誰が悪いかというより、まず原因を追求して、責任の所在を明確にしようとします。

本能欲求タイプは、権威的ではあるけれど、自分が劣勢になることに強い恐れがあるため責任転嫁をします。「責任はあるけれど、私にはありません。それは○○が勝手にやったことです」という論法が得意です。誰かのせいにして、責任問題をうやむやにする傾向があります。逆に他人に責任があることが明確な場合には、「責任をとれ」と追及し、優位に立とうとすることを好みます。

感情欲求タイプは、言い争いが嫌いなので、責任問題そのものを避けようとします。「責任？　そんなのいいじゃない。わざとやったんじゃないんだから」と責任問題を回避するのです。責任の所在が明確になれば批判的な立場にならざるを得ないこともあるので、無意識のうちに責任問題が起きないことを望むような振る舞いをするわけです。

このように、三つの欲求タイプの特徴は、それぞれが際立っており、決してカブりません。お互いの特徴が排他的であり、あいまいな部分もありません。その意味で、心理学ではめずらしく消去法が使える明確な分析法であるとも言えます。

失ったときにわかる欲求タイプ

◎「欲求タイプ」と「目標」がズレたときに起きる悲劇

人への助言の基本的なテクニックとして、本人がどの欲求タイプにいるかを分析し、教えてあげるという方法があります。自分の欲求タイプを知ることで、なぜ思ったとおりに生きられないのか？　という理由が次第に理解できてくるのです。

たとえば、親が子どもに、本人のもともとの欲求タイプとは違う「目標」を押し付けているケースがあります。

「お前は男らしい子だ、お前は正義感が強い。お父さんはそういうところが好きだ。うちの家族は正義感が強い家族なんだ。弱いものいじめをしちゃダメなんだ。辛いことがあっても泣いちゃいけないんだ」

親が子どもに対して、こう言い続けたとします。すると、その正義感は、主義主張として、子どもの中に入ってきます。

しかし人間の心理としては、自分の本来の欲求タイプと違う「目標」が押し付けられると、ストレスの原因になるわけです。

もしかすると、その子ども本来の欲求タイプの「目標」は、「本当はボク、正しいことよりも、みんなに嫌われたくないんだ」という、感情欲求タイプ的なものかもしれません。

こうなると、他人から思い込まされている欲求タイプと、真の自分（の欲求タイプ）とズレが生じて、それがストレスの原因となるのです。

そして、自分の人生は「こんなはずじゃなかった……」と、悩み始めます。

ですから、自分の欲求タイプというのはしっかり把握しておいたほうがよいのです。

◎自分や他人の欲求タイプを調べる方法

では、どうやって正確な欲求タイプを判断するのでしょうか。簡単な方法があります。私はいつもこんなふうに聞きます。

「これまでの人生で、いちばん失敗したと思うことはなんですか？」

人間は、失敗したり、ものを失《な》くしたときに、その大切さがわかります。何を失くしたときが、いちばん悔しかったか。何を後悔しているかで、欲求タイプが分析できるのです。

「あのとき彼女に、本当は別れたくなかったのに、別れようと言ってしまったことが最大の失敗だ」

このように答えた人の欲求タイプは、感情欲求が強いと考えられます。

なぜならば、この人の回答が「気持ち」に対する後悔だからです。あのときの自分の気持ちにもっと素直になっていればよかったという部分が、感情欲求タイプなのです。

「あのとき、あの仕事を引き受けておけばよかった。同期はみんなあれで出世した」

こう答えた人の欲求タイプは、理性欲求タイプと考えられます。仕事を引き受けておかなかったために、損をしてしまった。まさに理性欲求タイプ的な目標が達成できなかったことに、いちばん後悔の念を持っているのです。

「あのとき、あの事件さえなければ、この威信にキズはつかなかった。業界の第一人者と言われ続けていたのに」

このように、プライドを傷つけられたことをぐずぐず言っている人は、本能欲求タイプの人です。

相手の欲求タイプのことをよく知っておくと、何かに迷ったときにも適切なアドバイスができます。「ふだんあなたは、こういう人生を送っていませんか。でもあなたは、本当はこっちに行きたい人なんですよね」と、その人の本来の欲求タイプに合わせて、「目標」を示唆してあげることができます。

仕事で迷っているなら、具体的に「あなたの力を発揮できるこういう部署に変えてもらったらどうですか？」というアドバイスもできます。

基本的な欲求タイプは、たった三種類ですから、分析は比較的簡単です。その人の「目標」は何か。今回の選択は正しいのか間違っているのか。欲求心理学を活用すれば、もっと適切に提案してあげることができるのです。

採用面接で欲求心理学を活用する方法

◎質問内容から採用側のホンネを探る

私はよく授業で、欲求心理学の実践を試みるために、面接試験のシミュレーションを行います。面接官と志望者に分けて、それぞれ質問と答えを自由に話し合ってもらうのですが、そのやり取りから「会社」と「志望者」の欲求タイプが、簡単にわかってしまうのです。

たとえば、面接官がこんな質問をします。

面接官「あなたは今までどんな仕事をしてきましたか？」
志望者「パソコンの事務や、受付や会計係などです」
面接官「その仕事の中で、いちばんやりがいがあったのはなんですか。やめたくなったのは、どんな気持ちのときですか？」


ここでストップ。さて、志望者から見て、この会社の「欲求タイプ」はなんでしょう？

答えは簡単。こんなふうに、志望者の気持ちを聞いたり、やりがいを聞いたりする会社は、そこに興味があるのです。すなわち、その会社の欲求タイプは、本能欲求タイプか感情欲求タイプです。理性欲求タイプの会社ならば、給料や休暇など現実的な待遇のことが中心になるでしょう。

逆に志望者の立場からすると、自身がそういう目標を望んでいるならば（本人も本能欲求タイプか感情欲求タイプならば）、その会社は自分に合っている、ということになるのです。

◎質問の答えでばれる志望者のこだわり

次に立場を変えて、こんどは志望者の方の「欲求タイプ」を分析します。

面接官はこんな質問をします。

面接官「お父さんがおられますね。お父さんはどういう方ですか？」
志望者「はい、ええと……頑固な人です」

ここでストップ。この志望者の欲求タイプはなんでしょう？

答えはすぐわかります。この志望者は、お父さんの性格、自分の感情をまっさきに答えました。「父は新聞記者です」「父は会社役員で……」などという事実に基づく答えではなく、性格を答えたのです。つまりこの志望者は、職業などの現実的な事実よりも、「頑固」という性格、心理的な部分に興味があるということです。

こうすると会社側は、「今日来た志望者は、仕事をやるにあたっても、損か得かという合理的な評価よりも、自分の気持ちを優先するかもしれないな」と、分析できます。

つまり、論理的な理性欲求タイプではなく、気持ち優先の本能欲求タイプか感情欲求タイプだなと予測ができるのです。

これは、簡単な質問をするだけで相手が見抜ける、欲求心理学を応用した面白い分析法のひとつです。

※会社の欲求タイプは、「会社のカラー」という感覚で理解してください。

第3章

現代催眠（NLP）を駆使して「相手の心を開く技術」

人の心を操る催眠と暗示の正体

◎催眠にかかってしまうメカニズム

人の心を思い通り操る方法と言えば、やはり「催眠術」を考えずにはいられないでしょう。

しかし、本当に催眠術で人の心を自由に操ることなどできるのでしょうか。

筆者は催眠心理療法士として過去約十年間、年に三〇〇件として延べ三〇〇〇件ほどの催眠誘導を行ってきた経験があるので、催眠状態についてたいていのことはわかります。

そもそも「催眠術にかかる」とはどういうことなのか？

そこではいったい何が起きているのでしょう？

実は、そんなに訳のわからない奇妙で不思議なことが起きているわけではありません。催眠のしくみを一言で説明すれば、「催眠状態に入ると本人も気づかないうちに、理性が著しく低下してしまう」
……ただそれだけのことなのです。
一般的に催眠状態に入ると、次のような現象が起きることが知られています。

①眠ったように見えるほど、深くリラックスする。
②人のいいなりになって、普段ならしないことをしてしまう。
③イメージや過去の記憶がリアルに浮かび、時には感動して泣き出したりする。

この超常現象のように見える催眠現象もすべて「理性の低下」で説明できてしまいます。
①の「眠ったように見えるほど、深くリラックスする」のは、理性の低下により、余計なことを考えなくなり、術者に言われたとおり、心身が素直に安心して弛緩《しかん》するためです。
②の「人のいいなりになって、普段ならしないことをしてしまう」のは、理性の低下により、冷静な判断力や批判力が弱まり、命令に抵抗することをやめてしまうから。
③の「イメージや過去の記憶がリアルに浮かび、時には感動して泣き出したりする」のは、理性の低下により、現実と想像を区別する力が弱まって、頭の中で考えたり思い出した

ことをまるで現実のように感じて、そこに入り込んでしまうためなのです。

ショー催眠を専門に行う催眠術師は、観客の中から深い催眠にかかりやすい人を巧みに選んでステージに上げ、この性質を利用して、まるで被験者を思い通りに操っているかのような演出をしているのです。

◎日常生活に潜む「催眠」

しかし、どんな深い催眠状態であってもいつまでも続くわけではなく、術者が何もしなくても被験者は時間が経つと必ず自然に催眠から醒《さ》めて、すべてが元通りに戻ってしまいます。

ですから実際の日常生活の中で「催眠術を使って人を思い通りに操れる」などということは期待できないわけです。

ところが現実には、「催眠術」をかけなくてもまるで催眠術にかかったように事実に反することや何の根拠もないことを信じ込んだり、疑わなくなってしまうことがあります。

いちばんわかりやすい例は、恋愛しているときや催眠商法であやしい物品を買わされてしまったようなときです。後で冷静になってみると「どうしてあんなに好きだったんだろう」

と恥ずかしくなったり、「よくあんな高い値段のものを納得して買ったものだ」と後悔したりするケースです。

これも激しい恋愛感情や、強い射幸心、あるいは異常な興奮状態に巻き込まれたことが原因で一時的に理性が弱くなってしまい、冷静な判断力を失った結果なのです。

◎催眠・暗示にかかっていない人はいない

さて、ここで紹介する「心を動かす」達人の極意は、「催眠術をかけない暗示」という心理技術です。

まったくあり得ないことを無理に信じ込ませるような不自然なことをするのではなく、相手に気づかれないように、こちらに有利な判断をさせたり、相手の疑う気持ちをなくさせるという日常でも使える実践的な「心を動かす」技術なのです。

こう言うと驚かれるかもしれませんが、実は誰でもすでに催眠にかかっています。

それは、あなたが当たり前だと信じ、改めて疑ってみようとしない「当たり前」「常識」という恐るべき催眠です。

本当に怖い催眠とは、催眠術師などの他人が意図的にかける暗示・催眠ではありません。あなたが気づかないうちに自分で自分にかけ続けている暗示・催眠、あるいはあなたが知らず知らずのうちに家族や部下にかけ続けている暗示・催眠なのです。

この章で「極意」を学び始めて、もしあなたが「なんだそんなの当たり前じゃないか。どこが催眠なんだ」と思ったら、それこそが自分で信じ込んだことを疑わない「常識という催眠」にかかっている証拠です。一刻も早くいったん催眠から醒める必要があるかもしれません。

◎「当たり前」「常識」ほど強力な暗示はない！

ちょっと想像してみてください。

もしある子どもの父親がプロ野球の選手で、母親が柔道のオリンピック金メダリストだったとします。

その子どもがこう言います。

「お父さん、お母さん、僕、大きくなったらプロスポーツの選手になるんだ」

お父さんとお母さんが嬉しそうな顔で「そうか、がんばれよ」と答えるのは容易に想像できます。

では、お父さんが会社員、お母さんが公務員という家庭の子どもが同じことを言ったらどうでしょうか？

「お父さん、お母さん、僕、大きくなったらプロ野球の選手になるんだ」
「はいはい、そんな夢みたいなこと言ってないで、早く宿題をしなさい」

こちらも容易に想像できてしまいます。

もちろん両親が平凡な家庭であっても、傑出したスポーツ選手が誕生するというケースもあるでしょう。しかし、そうなりやすいか、なりにくいかを考えてみれば、その答えは明白です。

「うちは貧乏だから無駄遣いしちゃ駄目だぞ」

「うん、わかった。うちは貧乏なんだ。僕も大きくなったら貧乏になるんだ」

子どもがずっと一緒にいる親と同じ生き方を真似するのはひどく簡単なことです。

家族が好ましくないことを「当たり前」「常識」として信じていると、その子どもは毎日、両親から知らず知らずのうちに、とんでもない暗示・催眠をかけ続けられていることになるわけです。さらに両親自身もまったく気づいていないので当然、反省する見込みもなく、改められることもないでしょう。

もう一度あえてまったく同じ説明を繰り返しますので冷静に考えてください。

もしあなたが「なんだそんなの当たり前じゃないか。どこが催眠なんだ」と思ったならば、それこそが自分で信じ込んだことを疑わない「常識という催眠」にかかっている証拠です。

一刻も早くいったん催眠から醒めなければなりません。

そして好ましい良い暗示・催眠をかけ直す必要があるかもしれないのです。

この章では、会社の部下・上司・取引先、家族、恋人や友人、そして自分の心に価値ある好ましい「当たり前」「常識」を書き込むための暗示・催眠の技術を紹介します。

それでは現代催眠（ＮＬＰ）を駆使して「心を動かす」達人の極意を学んでいきましょう。

催眠術を使わない暗示とは？

◎暗示はかけるものではなく解くもの

私は、心理療法において「どんな暗示をかけるのですか？」とよく訊かれます。

しかし、私は基本的に暗示をかけません。そもそも暗示をかけて、なんとかしようという発想がないのです。

暗示は、かけて現れる効果より、解いて現れる効果のほうがはるかに大きいことを経験上知っているからです。

お医者さんに行くと、薬を処方されたり注射をされますが、風邪に対して直接効くという薬は存在しません。熱を下げたり、痛みを抑えたり、身体の免疫抵抗力を助けたりするだけであって、骨折が治るという薬もないし、風邪のウイルスを退治するという薬も存在しないのです。

心に関しても同じことが言えます。心を健康にする薬はありません（「健康な心の定義」は本書の第1章でご確認ください）。

身体に悪いことを繰り返す生活習慣を改めれば、身体が健康に自然に回復するのと同じように、繰り返している「悪い暗示」に気づいてやめれば、自然に心は健康な状態に戻ろうとするのです。

ただ、単純に暗示をかけないといっても、カウンセリングの場では暗示をかけるケースもあります。その場合の暗示というのは、相手の意識を変性状態にすることなく（本当は少し変性状態なのですが、それに気づかれることなく）相談者に好ましくない暗示を解くために役立つような暗示をかけるのです。

暗示をかけるという表現は、あまり適切ではないかもしれません。正確に言うと少々難しくなりますがこうなります。


暗示とは「ある意図を無意識化する」ための技術である。

意図とは「目的を持った考え」のことです。その意図を相手の意識に気づかれないよう（無意識）に入れるわけです。これが「無意識に加工する」という意味、すなわち「無意識化」です。

◎「男はカラダがいちばん！」という暗示

わかりやすい例をあげましょう。

あなたは、アーノルド・シュワルツェネッガーやシルベスタ・スタローン主演のアクション映画を観たことがありますか？

観終わったら、どんな気持ちになるでしょう？


「オレも、ちょっとカラダを鍛えようかな」


こんな気分になったりしませんか？

実はこれは映画から受けた暗示の効果です。

ジュリア・ロバーツ主演の恋愛映画を観た女性が「やっぱりいい女にならなくっちゃ……もう少しダイエットしようかな」という気になるのも同じです。

シュワルツェネッガーもスタローンも、映画の中で「みなさんカラダを鍛えましょう！やっぱり男はカラダがいちばんですよ！」などとは言っていません。言ってはいないけれど観客は「オレもカラダを鍛えなければ……」と思います。ジュリア・ロバーツも、映画の中で「みなさんやっぱり女性は見た目が大事なの。素敵な女性にならなきゃね」とは言っていないのですが、いつのまにか俳優や監督の意図が無意識化され、観客が気がつかないうちに、暗示として入っているわけです。

「暗示をかける」とは、ある意図が、相手の中に入ること。何かを思い込まされているという状態です。しかし暗示をかけるほうは、「いまから暗示をかけます」とは言いません。ですから、あらかじめ防ぐ準備をすることはできません。

「心理の達人」は、この見えない、聞こえない、防ぎようがない現代催眠を駆使して「心を動かす」ことができるのです。

現代催眠とNLPの違い

◎NLPとは何か？

催眠誘導をするのが「古典催眠」だとすれば、催眠誘導しないのが「現代催眠」だと言えます。現代催眠は、よくNLPという言葉でも語られます。では、厳密にはどう違うのでしょうか。

NLPとは、一九七〇年代のはじめ、カリフォルニア大学サンタ・クルーズ校の言語学者、ジョン・グリンダーと同大学の心理学の学生だったリチャード・バンドラーがつくりあげた現代催眠の手法です。

彼らは、当時の心理療法の名医であり達人と言われた人たちを研究し、その理論的な背景ではなく、どのようにしたらコミュニケーションがうまく図れるのか、彼らの行動や言動を分析して、ひとつの方法論として集大成したのです。

彼らはこのメソッドをNLP（神経言語プログラミング）と名付けました。

ですから、ポピュラーな表現をすれば、NLPは現代催眠を扱う一流のブランドであり「商品名」「商標」なのです。

催眠技術そのものは、人の神経反応を利用したものですから、誰か特定の人物が発明したものというわけではありません。電気を発見した人がいても、電気を発明した人がいないのと同じです。

しかし、たとえば空手などの武道に各種の流派があるように、NLPが現代催眠を扱うひとつの体系理論として卓越したメソッドであることは間違いありません。

筆者も米国NLP協会の公認トレーナーによる正式なトレーニングを受けた経験があります。

◎現代催眠とは無意識をコントロールする手法

さて、これから紹介するのは、そのNLPでも研究されている、いくつかの現代催眠の技法です。

もともと、コミュニケーションの手法として考えられた方法論ですが、日常での実際のコミュニケーションに役立てていくには、ちょっとしたコツが必要です。

心理カウンセラーである筆者が、実際のカウンセリングや日常のコミュニケーションで使っているこれらの技法を、「心理の達人」になる極意として伝授しようと思います。

繰り返しますが、現代催眠とは、意識して無意識をコントロールする手法です。私たちがふだん何気なく、まさしく無意識で使っている言葉の中にも、たくさんの暗示が隠されています。重要なのはその無意識のパワーを、暗示を使って意図的にコントロールすることなのです。

催眠サイクルの罠

◎「暗示」の本当の意味

さて、まずは「催眠のしくみ」をしっかり理解する理論編です。

これから紹介する考え方や実践テクニックを身につけると、特別な催眠誘導の技術を持っていない人でも、日常生活の中で相手の心をコントロールすることができるようになります。心理カウンセラーである筆者が、よく使っている暗示をかける重要なテクニックなのです。もちろんそれはカウンセリングだけでなく、日常のコミュニケーションでも非常に有用なものになります。

簡単に言うと「暗示をかける」とは、相手を「催眠サイクルに入れる」ように仕掛けることであり、「暗示を解く」とは、この「催眠サイクルから抜け出す」ように仕向けることです。

催眠サイクルとは、筆者独自の言葉ですが、意図が無意識化されるしくみと順序をイメージしたものです。

◎「常識」こそが催眠サイクルのスタート地点

催眠サイクルのスタートは「常識」です。

常識は当たり前だと思っていることですから、わざわざ疑うことはありません。疑わずに信じ込んでいます。信じ込んでいることは、当然ながら、改めてよく考えようとは思いません。

考えないこと、疑わないことを、常識と言います。こうして、いったん常識だと思い込むと、同じサイクルの中をぐるぐる回ることになるのです。

つまり、常識こそがいちばん気づきにくい催眠サイクルの入り口であり、その輪の中に入っていくことが「暗示にかかる」ことであり、その輪から抜け出すことが「暗示が解ける」ことなのです。

相手を安心させて心を開かせる基本技

◎心と心の架け橋「ラポール」

ラポールというのは、フランス語で「架け橋」を意味する心理学用語です。相手に心を開いてもらい、無意識レベルで信頼してもらうためには、このラポールが必要になります。心理カウンセラーも相談者との間にこのラポールが構築できないと、よいカウンセリングはできないと言われています。

同様に日常のコミュニケーションにおいても、ラポールは大切な要素となります。暗示をかけるにしても、相手が警戒したり緊張していると、かかりにくくなるからです。ラポールさえ築けたら、相手の無意識レベルに入りやすくなり、催眠サイクルの中に入れやすくなるのです。

では、そのラポールを築くにはどうすればよいのでしょうか。

まず、ほっとさせ、安心させる必要があります。相手に安心感を与えるための最も基本となる方法はマッチングです。マッチングとは、態度や言葉などを、相手に合わせて、つまりマッチさせていくことです。

もし相手が小さな声で話していたら、自分の声も小さくします。相手がゆっくりしゃべる人なら、あなたもゆっくりしゃべります。声だけでなく、相手の姿勢や身体の動きをすこしずつ同調させてみるのです。うなずきながら話す人なら、自分もうなずきながら話し、相手が笑ったら、自分も笑い、相手が飲みものに手をつけたら、自分も飲み物に手をつけます。

人間は、自分と同じものをたくさん見せられると、安心するのです。

これは非常に簡単な原理です。

ちなみに、あたかも向かい合っている相手の鏡のような行動をとることから、こうしたマッチングは、「ミラーリング」とも呼ばれています。

◎感覚を共有するマッチング

マッチングは態度や言葉だけではありません。自分と同じ感覚を持った人なのだ、ということを相手に伝えるだけでも、マッチングになります。同じ感性によって選択されたものがたくさんあるだけで、人間は安心するのです。

たとえば、ある人がグリーン系の色が好きだったとします。その人はグリーン系の色調の部屋に行くと落ち着くでしょう。ところがピンク系の色調の部屋に行くと、さっきより落ち着かなくなるでしょう。それと同じ簡単な原理なのです。

二人がたまたま同じ種類のボールペンを使っている、という事実がわかるだけで、同じ感覚を持つ者同士という安心感が生まれ、相手が心を開くようになることもあるほどです。

これがマッチングの基本です。

◎ラポールは無意識レベルのコミュニケーション

マッチングを続けることを「ペーシング」と言います。ペースを合わせるという意味です。このペーシングを続けていくと、無意識のうちに相手の心が開くようになります。つまり二人のあいだに、ラポールが築かれていくわけです。

ラポールというのは、無意識で感じさせる信頼関係なので、あくまでも無意識レベルのコミュニケーションです。

面白いのは、ラポールが築けている人に対して、「なぜあの人といると安心できるのか？」と質問しても、うまく答えられないということです。「だってあの人は××だから」と答えるのは、意識化された論理、頭で考えた理屈です。

ラポールは無意識ですから、あくまでも本人はよくわからないのです。「なんだか知らないけど、一緒にいると落ち着く」というのが、本当のラポールなのです。

◎パーソナル・スペースを意識する

相手との位置や適切な距離も、無意識レベルの安心感に大きな影響を与えます。

これが「パーソナル・スペース」という概念です。

これは、心理的安心距離とでもいうべきもので、相手との防御攻撃関係の長さに匹敵します。たとえば男同士や、身体の大きい者同士の場合、パーソナル・スペースは広くなります。しかし人がたくさんいる所では、パーソナル・スペースが小さくなっても、あまり気になりません。満員電車の中だと、ぎゅうぎゅう詰めでもなんとも思わなくなります。これは、隣の人が急に暴れだしても、まわりの人が放ってはおかないだろうという安心感があるからです。

逆に、広いところで人がいなかったりすると、十分なパーソナル・スペースがあっても、相手との距離が妙に近く感じ、不安に思ってしまいます。空いた映画館などに入ったときに、席がたくさん空いているのにわざわざ誰かがあなたの隣に座ったら、気味が悪く感じるのもそういった心理が働いているからです。

逆に、相手に安心する要素があればあるだけ、パーソナル・スペースが小さくなる、つまり相手に近づけるということになります。これを利用して、強引に近づいてしまうことで、逆に安心感を与えてしまうというテクニックもあるのです。

初対面であっても、肩を寄せて、同じものを一緒に覗《のぞ》き込んだりすることで、意図的に親密な者同士だけに許されるパーソナル・スペースをつくり、一気に安心感や親密感を深め、ラポールを築いてしまうのは、筆者もよく使うテクニックです。

第一印象で信頼させるのは基本中の基本

◎コミュニケーションは視覚要素が五五%

ペーシングやパーソナル・スペースに加えて、相手に与える印象も、安心させ信頼させるための大切な要素になります。

NLPでは、コミュニケーションにおける影響比率は、視覚要素が五五%、聴覚要素が三八%、論理要素が七%であるという研究データがあります。

たとえば、友人の結婚式に出席したときのことを思い出してみてください。あなたは、その結婚式のどんな様子をいちばん覚えていますか?

「披露宴、派手だったなぁ」
「かわいい花嫁さんだったなぁ」
「タキシード、似合ってなかったなぁ」

このような視覚的要素をいちばんはじめに思い出すのではないでしょうか。

その次に、「へたくそな歌が多かったな」「ハーモニカのうまい叔父さんがいたな」「詩吟良かったな」「会場の外がうるさかったな」など、聴覚的要素が来るでしょう。

ところが、誰がどんなスピーチをしたのか、そんな内容は、ほとんど覚えていません。つまり論理的な要素は非常に印象が薄いということなのです。

◎あなたの第一印象は「無意識」に刻まれる

昔から、第一印象は見た目で決まると言いますが、あながち嘘ではありません。とくに初対面の場合、あなたの服装は大きな影響を与えます。会社の経営者に見られたかったら、やはりジーパンにTシャツではまずいのです。

私がもし、カウンセリングをする部屋に板前の格好をして入っていったらどうでしょう?どんな説明や屁理屈を言ったところで、相手のおかしな印象は変えられません。

仕事で大事なプレゼンテーションがある日、「そんなつもりではないのですが、急いでいたのでネクタイをしてくるのを忘れました」ということでは、プレゼンの内容とは関係なく、すでにコミュニケーションに失敗していると言わざるをえません。

印象というのは無意識です。無意識に入ってしまったら、意識的な方法でそれを覆すことはほとんど不可能です。見た瞬間に「お金持ちそうだな」「上品そうだな」と思わせたら、その印象はもう簡単には変わらないのです。見た目の印象はそれほど大事なのです。これは、後になって変えることはできません。

第4章

相手の心を動かす「心理テクニック」

「世界」を知るための三つの方法

◎あなたの表象システムはどれか？

人が世界を認識するときには、必ずなにかしらの感覚要素を使っています。感覚要素には、視覚、聴覚、触覚（味覚・嗅覚を含む）という三つがあり、人はそのどれかを無意識のうちに優先的に選んで使っています。

現代催眠では、これを「表象システム」と言います。

そして人によって、優先的に使う表象システムは違うのです。視覚的要素を使う人は、あらゆる場面で視覚を利用して世界を認識し、聴覚的要素を使う人は、あらゆる物事を聴覚で認識しようとします。これは無意識のうちに得意なものを優先的に選んでいるのです。

たとえば、「夏の海」と言ったとき、あなたはどんなイメージを思い浮かべますか？

①太陽が反射して砂浜がまぶしく、白い雲の下に真っ青な海が見える
②寄せては返す波の音、子どもの笑い声、カモメの鳴き声が聞こえる
③潮の香り、足の裏にやけた砂が熱く、背中には強い日差しを感じる

①のように「風景」を真っ先に考えた人は、視覚的要素をよく使う人です。②のように「音」が聞こえた人は、聴覚的要素をよく使う人です。③のように「感触」を思い出した人は、触覚的要素をよく使う人です。

◎表象システムそれぞれの特徴

どの表象システムを主に使うかによって、人はそれぞれ特徴があります。

視覚的要素をよく使う人は、比較的高い声で、早口で話す傾向があり、質問されても即答します。頭の中に現れる映像を使って処理するので、素早い思考や反応ができるのです。人に何かを説明するときも、イメージを図に書いて示すなどの教え方を好みます。「見る」「視点」など、視覚につながる言葉をよく使います。

聴覚的要素をよく使う人は、明瞭な声で、なめらかに話す傾向があります。ものごとを、図式や感覚ではなく、論理的に理解しようとします。人に何かを教えるときは、話して聞かせる方法を好み、論理的に理解させようとします。「聞こえる」「考える」という言葉を好んで使います。

触覚的要素をよく使う人は、比較的低い声で、ゆっくり話す傾向があります。頭で考えるのではなく、身体が感じたことを思い出しているので、反応するまでに時間がかかるのです。人に何かを教えるときは、なるべく一緒に体験し、実感させるような方法を好みます。「感じる」「話の趣旨をつかむ」というような、感覚的な言葉をよく使います。

◎「なんとなく気が合う」のは表象システムが同じだから

なんとなく気が合う、波長が合うという相手とは、優先する表象システムが同じであることが多いのです。表象システムが同じだと、コミュニケーションが抵抗なく行われ、話の内容がすんなりと入ってくるからです。

別の言い方をすれば、相手の表象システムに合わせて接し方を考え、言葉を使い分ければ、感覚や感情が共有しやすくなり、より快適なコミュニケーションをすることが可能になるということです。

二人の人間がいて、相手を説得しなければならないとき、相手の表象システムを理解している人と、していない人とでは、明らかに有利さが違ってきます。

筆者がカウンセリングをするときも、まず相手がどの表象システムを優先的に使って世界を認識しているかを分析します。そして同じ表象システムを利用して、コミュニケーションをはかるのです。

たとえば、物事を視覚的にとらえようとする人に対して、聴覚的あるいは触覚的な説得をしようとするとうまくいかなかったり時間がかかったりするのです。

◎相手の表象システムを把握したコミュニケーションの術

人には優先的な表象システムがあります。それに意図的に合わせたり外したりすることで、相手に気づかれず、一体感や違和感を与えることができます。

いちばん簡単で効果的な方法のひとつは、「肯定的なほめ言葉」と「否定的な言葉」を用意しておくことでしょう。

視覚的要素を使う人には、「輝くばかりの」「目からウロコ」「目が行き届いている」などの肯定的なほめ言葉と、「ピントがずれている」「つやがない」「目が節穴」などの否定的な言葉が有効です。

聴覚的要素を使う人には、「拍手喝采《かっさい》」「評判がいい」「歓声が上がる」などの肯定的なほめ言葉と、「悪い噂」「雑音」「不協和音」などの否定的な言葉を。

触覚的要素を使う人には、「暖かい」「力強い」「爽快《そうかい》な」などの肯定的なほめ言葉と、「胡《う》散《さん》臭い」「つかみ所がない」「重苦しい」などの否定的な言葉をあらかじめ用意しておいて、相手との会話で使うのです。


たとえば、こんなケースがあります。

会社の上司が部下のあなたに、新しく試作された製品に対する感想を求めています。あなたが否定的な意見を述べなければならない場合、どのようなコミュニケーションが有効なのでしょうか。

「どうだね、手に取った感じ。忌憚《きたん》のない意見を言ってくれ」

「どうもこれには、触れたくない感じです」

「なんだと？　ぶしつけだな。もっと建設的な意見を言いたまえ」


この場合、「手に取った感じ」という言葉から、この上司の表象システムは感覚だということを理解しなければなりません。その上司に、感触優先の表現を使うと、批判がストレートに伝わってしまい、相手にリアルな不快感を与えることになってしまうのです。

同じ否定的な意見であっても、相手が受け止めるショックを和らげるためには、意図的に相手と違う表象システムを使ってみるのです。


「どうだね、手に取った感じ。忌憚のない意見を言ってくれ」

「うーん、どうも話題になる気がしません」

「そうか……。だれか他に意見はないか？」


この場合、上司は手に取った感触の意見が欲しいのに、触れた感触は言っていません。

まったく別の聴覚的な表現をしています。こうすると、表象システムが違うために、上司にはその否定的なニュアンスがピンと来ないのです。つまり、相手を刺激しないようにうまく反対できるというわけです。

もし新製品の企画が失敗に終わったときには、上司に「そういえば、あのとき賛成しなかったのはアイツだけだったな……」と、都合よく思い出してもらえるかもしれません。

「心理の達人」として、コミュニケーションを円滑にするには、このように、無意識に働きかける表象システムをうまく使い分けていく方法があるのです。

相手の心の中を読み取る技法

◎視線の動きでわかる心の中

表象システムは、視線や言葉の表現、動作などに表れます。ここでは相手の視線から、どの表象システムを使っているかを読み取る、「視線解析」の技法を紹介します。

①上を向く視線

視線を上に向けているときは、視覚的要素を使って思考中です。視線は比較的素早く動き、元の位置に戻ります。顔や風景、ものの形や色を思い出したり、考えたりしています。

とくに好きなことや、嫌悪感の強いものを思い出しているときは、視線が一瞬上下に動くことがあります。

②横に動く視線

視線が横に動くときは、聴覚的要素を使って思考中です。あるいは論理的な思考を行っています。視線は、横を見るというよりも、左右に流れるような動きをします。音や声や音楽を思い出したり、頭の中で作ったりしています。

文章を考えたり、論理的な思考をしている場合は、比較的ゆっくりと視線が左右に動きます。

③下を向く視線

触覚的要素を使って思考中です。視線は比較的ゆっくり動き、その方向やその位置にとどまる時間も長くなります。味や香り、熱い、冷たい、痛い、かゆい、気持ちがいいなどの身体の感覚、また怒り、悲しみ、後悔などの強い感情を伴う記憶にアクセスしています。

視線解析を用いて相手の表象システムを探るには、次のような質問が効果的です。

「あなたの昨日の行動を朝から詳しく教えてください」
「最寄の駅からあなたの家まで道順を詳しく説明してください」
「あなたが今なくしたらいちばん困るものはなんですか」

こうした質問をすると、無意識に思い出す作業を開始して、表象システムを使ってくれます。こうした視線解析を利用すると、たとえば短時間でラポールを図るための優先システムを見つけることができます。

あるいは、相手の戦略の方法が理解できる場合もあります。

いずれにしても、コミュニケーションにおいて、相手をより深く理解して有利な立場に立つことができるのです。

◎視線解析でずばり言い当てる

この表象システムに関して、最近面白いことがありました。ある女性に、「きょうは素敵な服を着ていますね。そういう服が好きなんですか？」と聞いた瞬間、彼女がある目の動きをしたのです。

そこで私は、「あなたの家には大きな姿見（鏡）がありませんね」と言ったのです。

その女性は、「なぜわかるのですか？」と、驚いていました。

このとき私はまさに、視線解析をして彼女の家に鏡がないことを知ったのです。

彼女は、服を選ぶときに、頭の中で映像を思い浮かべずに、着心地とか、感触で選んでいるのです。その証拠に、服のことを考えているとき、視線が下（触覚要素を使って思考中）を向いていました。一生懸命、感覚で自分の服を選んでいたのです。それで、家の大きな姿見（鏡）を見る習慣がないのでは？……という結論に達したのです。

心理カウンセラーである筆者は、この視線解析を、カウンセリングのときなどに、相手の感じている世界の感覚を理解するためによく活用しています。

質問に命令を入れて抵抗させない

◎挿入命令はもっとも簡単で応用しやすい暗示技法

命令を挿入した質問をされると、人は、それが質問の形式であることを理解しながらも、無意識レベルで命令のように受け取ってしまいます。

これは、私たちが普段意識せずに使っており、すでに習慣のひとつになっています。

「もう少し静かにしてもらえませんか?」

「もう一杯、お水をもらってもいいですか?」

これらは挿入命令です。形式は質問になっていますが、そこには「静かにしてもらいたい」「水を入れてもらいたい」という意図が込められています。よく考えれば、質問なのですが、「できません」と答える人はいません。ほとんどの人が、抵抗できずに、期待通りの行動をしてくれるのです。

コミュニケーションを円滑にするためには、この挿入命令を、意図的にうまく使っていくことがポイントになります。

「静かにしてください」「水をください」とストレートな命令口調で言うと、同じ結果を求めているにもかかわらず、相手を不快にさせてしまう可能性が高くなるのです。

つまり挿入命令こそ、角を立てずに、こちらの思うままに相手を動かせる暗示手法なのです。もっとも簡単で、利用しやすい催眠サイクルへの暗示と言えます。

◎危険な挿入命令

ただし、逆に好ましくない感情を呼び込む暗示になる場合もあるので注意が必要です。

あなたは次のような言い方をどう感じますか?


「もっと美味《おい》しい料理を作れないのか?」

「どうしてちゃんと宿題をしてから遊びに行かないの?」

「なぜお前はいつもいい加減な対応でお客を怒らせちゃうんだ?」


これらは質問の形になっていますが、明らかに批判あるいは命令されているように感じます。

しかも逆らえない不愉快な感情が内側から浮かんでくるようで、面と向かって批判された方がましだとさえ感じさせてしまいます。

これらの言い方は、好ましくない感情を呼び込む暗示であることに気づいてもらいたい例です。

「質問に命令を挿入する」のは抵抗させない方法ですが、こういう言い方が、どのような感情を引き出すかという効果についても十分意識しなければなりません。

相手に選ばせながら思い通りの方向に導く

◎強力な暗示効果を発揮する「前提のコントロール」

暗示の中でも、とくに強力な効果を発揮するものに、「前提」というテクニックがあります。「前提」は、あなたが思った通りの未来をつくることができる非常に強力な暗示です。

たとえばこんな使い方があります。

「A子さん、このあとお茶に行くなら、スイーツのある店とない店と、どちらがいいですか？」

もしA子さんが甘いものが苦手で、「スイーツがない店」を希望したとしても、あなたの目的は達成されます。なぜならあなたの目的は、A子さんをデートに誘うことだったからです。

これはダブルバインドと呼ばれる、両方から縛って逃げ道を防ぐ前提のコントロールです。

あらかじめ、お茶に行くことを前提にして、どちらになってもいい質問をしているのです。

「この打ち合わせが終わってから食事に行こうと思いますが、中華とイタリアン、どちらがいいですか？　他に和食の店もいいところがあるんですが……」

こう質問されると、「行きません」という返事がすぐには出てこなくなります。「じゃあ、いちばん食べたいのは、イタリアンかしら」となってしまうのです。

つまり、質問自体が、相手をこちらの思うように誘導するための暗示になっています。相手は、質問を聞いた時点で、催眠サイクルに入ってしまうわけです。

◎前提のコントロールは自分自身を方向付けするエンジンになる

前提のコントロールには、もうひとつの側面があります。
「そうなることを前提に動き始めると、判断・評価・感情・行動など、すべての無意識レベルがそちらに向いてしまう」という重大な法則です。
たとえば、あがり症の人は、あがる前からあがる準備を始めます。

「……俺、あがり症なんだよな。いまから一時間後にはここで発表しなきゃいけない。まだ会場には誰もいないけど、だんだん人が入ってくるんだ。今日は社長も見に来ると言っていた。ああ、ドキドキしてきた。そうだ、俺いつも喉が渇くから、水を用意しておこう。俺いつも汗をかくから、タオルも用意しておこう。俺、いつも頭が真っ白になって話すことを忘れて困るから、カンニングペーパーも用意しておこう……」

彼は現実にあがる前から、あがる準備をどんどんしているのです。そして本番。彼は予定通り、ちゃんとあがってしまいました。

この場合も前提をつくって、無意識のうちに、そうなるようにそうなるように自分を方向付けているわけです。あがりたくないと思うなら、逆にあがる前提を意図的に削除しなければならなかったのです。

具体的に言うならば、あがらない人と同じ行動を取れば良かったのです。あまり早くから準備をしないことによって、そのときのことばかり考えてしまう時間を減らすとか、終わってからどこで食事をしようかとか、もっと別の楽しいことで頭をいっぱいにするべきだったのです。

前提のコントロールとは、前提となっている条件を、目的に合わせて意図的に削除したり、挿入する暗示手法です。このテクニックは、日常の会話に使えるほか、このように自分自身の未来をコントロールしたいときにも使えます。

相手に勝手にそう思い込ませる技法

◎過去完了否定形を用いた暗示のワザ

「私、昔、本を読むのがとても遅かったんです」

ある人にこう言われたら、あなたはどう思いますか？
「ということは、今は速く読めるのかな」と思うでしょう。
では、これはどうでしょう。

「実は私、この仕事をする前は、ずっと貧乏だったんです」

「じゃあこの仕事を始めていい暮らしができるようになったんだな」と考えてしまったのではありませんか？

実は、こういう話し方をされると、誰でも人は「じゃあ、今は違うんだ」と勝手に思い込んでしまうのです。でも、もしかしたら、今も本を読むのが遅いかもしれない。この仕事をしていても相変わらず貧乏なのかもしれません。

実際、相手は今はどうなったか何も言っていません。何も言ってないけれど、あなたは勝手に思い込んでしまったわけです。

こうした、無意識のうちに、話の足りない部分を相手に作らせたり、相手に補ってもらう方法が、過去完了否定形を用いた暗示の方法なのです。

「以前は〜だった」とか「〜だと思っていた」という過去完了の否定形を使うと「現在は違う」と思い込ませることができます。

無意識のうちに、話を自分で補ってしまうので、ストレートに人から言われた場合よりも、はるかに信じさせるパワーが強くなるのです。

◎営業トークにも使える過去完了否定形のテクニック

こういう例もあります。

「私はこの営業の仕事で、初対面の人と話すのがすごく得意でしてね」

もし初対面の相手がこう言い始めたらあなたはどう感じるでしょうか？

「そうなのか。じゃどれほどうまい話ができるのかお手並み拝見しようじゃないか」と、つい批判的、挑戦的な気持ちになってしまいます。

ところが、

「私はこの営業の仕事を始めた頃は、初対面の人と話すのがすごく苦手だったんですよ」

と、控えめに話し始める相手には「そうですか、大変だったでしょうね」と、どちらかと言えば同情的、協力的な気持ちになるのです。

実際に、得意だったのか、苦手だったのか、本当のところはわかりません。

しかし、明らかにあなたの気持ちは、後者の言い方・態度の方を好意的に受け止めています。

つまり相手は、まさしくあなたに暗示をかけ「初対面の人と話すのが得意」な状態を作り出すことに成功したわけです。

相手を催眠サイクルに入れて、相手の思い込みを利用する「心理の達人」は、こうした過去完了否定形を意図的に用います。

◎過去完了否定形で自分によい暗示をかける

さらにこの過去完了否定形を用いれば、自分に暗示をかけることも可能です。

たとえば、人前で話すのが苦手な人は、ふだんから周りの人にこう言っておくのです。


「私、ずっと人前で話すのが苦手だったんです」

すると自分で「今は違うんだ」と思い込むことができ、周りの人たちも、「じゃあ、今は苦手じゃないんだな」と思って、あなたをそのように扱ってくれ始めるのです。

そもそも「人前で話すのが苦手」ということは普通、人に知られたくないことです。つまり人に知られたくない弱点だったわけですが、これもさりげなく言ってしまえば、弱点をひとつ減らせるのです。

◎「～になりたい」の自己暗示はとても危険！

また、自分によい暗示をかけるときに注意しなければならないのは、「～になりたい」という言葉を決して安易に使わないことです。

「ボクはお金持ちになりたいんです。先生よく言いますよね。お金持ちになりたい、お金持ちになりたいって念じていると、その通りになるって。でもボク、もう一五年くらい念じているんですけど、ちっともならないんです。どうしてですか？」
「ちゃんとなっていますよ」
「なってませんよ」

「なってるじゃありませんか。お金持ちになりたい人に！」

まるで笑い話ですが、真実でもあるのです。

「〜になりたい」と言っていると「まだ今は違う（まだなっていない）」と思い込む催眠サイクルに入ってしまって、もう簡単には抜け出せなくなってしまいます。

では彼はなんと言うべきなのでしょうか？

たとえば、次のような言い方がふさわしいのです。

「『お金持ちになりたい』って言ってた頃は貧乏だった」

「心理の達人」は、深く考えない口癖という無意識の力を、うっかり見逃したりはしないのです。

相手に疑いを抱かせない技法

◎名詞句を使った暗示テクニック

「あの店には良心がある」

こういう言葉を聞くと、人はどのような反応をするでしょうか。
「どんな良心？　いったいどんな店なの？」と、思わず聞き返したくなります。
ところが、次のような言い方はどうでしょうか？

「あの店は良心的だね。安心して買い物ができるよ」

こう言われると、「そうなんですか」と納得してしまいます。

通常、動詞には目的語が必要なので、それがないとひとは無意識に探し始めます。しかし動詞に「〜的」や「〜性」という句をつけると名詞のように感じます。名詞は目的語を必要としないので、それで文章が完結してしまうのです。

そうした言い方を聞いたり、文章を読むと、足りない部分を無意識が探さないので、「そういうものか」と納得し、批判する気持ちが弱くなるのです。この「名詞句化」は、催眠サイクルに入るように仕向けた暗示のテクニックのひとつです。


もうひとつ例をあげましょう。

たとえば、誰かから突然「あなたは人と協調しませんね」と指摘されたらどう思いますか？「そんなことはありませんよ。いったい何を根拠にそんなことを言うんですか？」と逆に質問したくなるに違いありません。

ところが、つぎのように言われるとどうでしょう。

「あなたには協調性に欠ける部分がありませんか？」

さっきと違って「協調性に欠ける部分って……う〜ん、そういえば○○○のことかなぁ」などと考え始めてしまうかもしれません。

これがどういうことかというと「協調性に欠ける」という言葉の意味、つまりその内容を無意識のうちに自分に当てはめて想像し始めているということなのです。

これは「考えろ」とはっきりとは言っていませんが、**相手に「考えさせる」暗示の一種**だと言えます。

他にも「〜的」「〜主義」という名詞句をうまく使うことによって、相手を納得させたり、説得しやすくなる場合もあります。「彼は若いのに保守的で権威主義だ」等と言われるとある種のイメージが湧《わ》いてくるでしょう。見たことも会ったこともない人に対しても有効ですから不思議です。

◎話を鵜呑みにさせたいときは「全称代名詞」を多用する

次に、疑いを持たせない技法として、意図的に「いつでも」「どこへ行っても」「誰でも」

「みんな」などの言葉を多用するというテクニックもあります。

こうした全部をまとめていってしまうような言葉を、「全称代名詞」と言います。全称代名詞は大ざっぱな代名詞ともいうべきもので、相手を深く考えさせない効果があるのです。


「どこへ行ってもそんなもんだよ」

「みんな、そう思っているよ」

「誰も、そんなことはしないよ」


こう言い切ってしまうと「どこへ行ってもって言うけど、北朝鮮だったら違うんじゃないか」などと反論してくることはまずありません。

こうした大ざっぱな言葉は、不思議なことに相手に対して大きな説得力を持ちます。根拠があまりないことを信じさせたり、意図してほめたりけなしたりする必要のあるときには、こうした全称代名詞を用いると効果的です。

相手は疑わずに「それもそうだな」と話を鵜呑《うの》みにしやすくなるのです。

◎「ありふれた言葉」のありえないマジック

最後に紹介する「疑わせない方法」は、普遍的な言葉すなわち「ありふれた言葉」です。

「あいつの話は信用しないほうがいいよ」
「どうして？」
「だって、あいつ嘘つきだから」

この会話を聞いておかしいと感じる人はほとんどいないでしょう。

この「嘘つき」のような、普遍的・固定的なイメージを持つ言葉を使用すると、相手の思考を停止させてしまいます。

その人のことをよく知らなくても、「嘘つき」という言葉で、およそその人物がわかった気になってしまうのです。質問の余地をなくし、疑問を持たせたくないときは、こうした言葉、「嘘つき」「わがまま」「怠け者」「女好き」などのありふれた悪口の言葉が悪い暗示として有効に働いてしまいます。

また、よい暗示を入れるときにも、意図的にありふれた言葉を用いるように意識します。「働き者」「家族思い」「親孝行」「裏表がない」などです。

話の中で「あいつはいい奴だ」とほめれば「何か証拠でもあるのか？」と反問されることはまずないでしょう。これが意図的にありふれた言葉を使って「疑わせない」話し方なのです。

チームに入ったばかりのスポーツ選手が、毎日の練習量をこなせるかどうか心配している場合、コーチが「この練習量は、高校のクラブで消化しているスケジュールなんだ」と言ってやれば（高校生にでもできるのなら、自分にできないわけがない）と勝手に考えて、自分にもできるんだという暗示をかけてしまうのです。実際は、その高校生が国体の選手であったとしてもです。

無意識にメッセージを送り込む技法

◎「たとえ話」は相手に無意識のうちに情報を補わせる

すでに第1章でも述べていますが、無意識にメッセージを入れるときには、たとえ話や比喩が有効です。私も、カウンセリングなどに、よくたとえ話を使います。

たとえ話や比喩のコツは、それがたとえ話だと悟られないようにスタートすることです。「いやあ、こんな面白いたとえ話があるんです。笑っちゃいますよ」などと話し始めると、たとえ話の効果は半減してしまいます。今から暗示をするということをわからせてはいけないのです。

相手に心の準備をさせしまうと、もう催眠にはかかりません。相手の無意識にメッセージを入れることは難しくなってしまいます。

たとえ話は、意図的に不完全な話をして、相手に無意識のうちに情報を補わせる手法です。そのために、あらかじめたとえ話だと告げたり、教訓や結論の意図を明確に告げると、暗示効果は失われてしまいます。

「むかしむかし、あるところにお爺さんとお婆さんが住んでいました。ある日、お爺さんは山へ芝刈りに、お婆さんは川に洗濯へ行きました。真面目な二人は朝から晩まで一生懸命働きました。やがて日が暮れたので、二人は仕事の道具を片付けて、別々の家に帰っていきました……」

さて、この話のどこがおかしいと思いましたか？

お爺さんとお婆さんが別々の家に帰っていったのはおかしいでしょうか？

実は、お爺さんとお婆さんはもともと他人なのです。ここでは「夫婦」であるとは一言も言っていません。

しかし、この話の冒頭を聞いた人は、二人は夫婦で、仲良く一緒に住んでいて……と、頭の中で考え始めたのです。不完全な部分を無意識に自分の想像で補ってしまったのです。

たとえ話には、このような効果があります。ストレートに相手を説得するよりも、たとえ話をしたほうが、相手は自分の頭で考えるため、まったく疑うことなく、結果的に心の奥深くに届いてしまうのです。

「○○しなければ××になるぞ」と直接言うより、「○○しなければ××になるんだ」と相手に思い込ませたほうが、メッセージの威力ははるかに強くなります。

仕事の段取りが悪い部下に注意するときなども、「むかし、仕事の段取りが悪い部下がいてね。段取りが悪いばっかりに、その能力が正しく評価されなかったんだ」と、比喩で話したほうがずっと効果があるのです。

正しい暗示の解き方

◎暗示は「意識化」されると二度とかからない

これまでは暗示をかける方法を紹介してきましたが、本書では暗示の解き方も学んでいきます。

コミュニケーションにおいて、相手に暗示をかけるには、意識に気づかれないように、理性をすり抜けて、無意識への侵入を行ってきました。暗示を解くには、簡単にいえば、その暗示を意識に気づかせて、理性が目覚める方向に持っていけばいいのです。

暗示は正しく解くと、二度とかかりません。

私はセミナーや講演のときなどに、よくこういうやりとりをします。

「みなさん、もう少し、椅子に深く腰掛けることができますか？」

するると全員、なんの気なしに、椅子に深く腰掛けなおします。

「私は今、椅子に深く腰掛けることができますか？　と聞いただけですよ。みなさん、催眠にかかってしまいましたね？」

するとみなさんは、やられたという顔をして、苦笑いをします。

そこでわたしは再び言います。

「みなさん、今度は椅子に浅く腰掛けることができますか？」

今度はもう、誰も動こうとしません。


なぜかと言うと、すでに暗示が解けてしまったからです。最初は暗示が無意識化されたので、自覚できなかったのです。しかしいったん意図が意識化されてしまったので、二回目からは理性の抵抗が起きたわけです。

つまり、**正しく暗示が意識化されると、もう二度とかかることはなくなる**のです。

悪い習慣がやめられない人や、生き方が変えられない人、思い込みで苦しんでいる人たちは、自分でかけている暗示に縛られています。催眠商法や新興宗教などの勧誘も、相手に都合のいい暗示が意図的に仕掛けられてくることだと言えます。

暗示を意識化するテクニックを学ぶことで、そうした不利益な暗示から解放されることができるのです。

悪い催眠から抜け出す方法

◎心の悩みや問題を解決する「リソース」とは？

心の悩みや問題は、その人が持っている「理想・目標・夢」と現実とのギャップです。つまり、人はその悩みや問題の答えをかならず持っています。

現在、あなたが持っている悩みや問題を解決するために役立つすべてのものを、リソース（資源）と呼びます。そのリソースの存在を理解することが、問題を解決するための第一歩となります。

「自分には何も解決する力がない」と思っている人は、催眠サイクルに陥っていると言えます。ですから、まず最初にその最も好ましくない暗示を解く必要があります。

リソースというのは資源です。でもそんなに難しく考える必要はありません。悩んでいる人がいるとします。その人のリソースはすぐにわかります。

私はこう質問します。

「あなたはいま、悩んでいるのでしょう？」
「ええ、悩んでいます」
「はい、それがリソースがある証拠です」
「……え？　どういうことですか？」
「だって、あなたはいま、悩みがあって辛いのでしょう？　それはいつからですか？　生まれたときから辛いわけじゃないですよね。悩みはどこかで生まれたんですよね。だからあなたには、悩みが生まれる前があったんです。つまり悩みを持っているのは、悩みがなかったという素晴らしいリソースを持っている証拠なんです」

◎自分自身のリソースに気づくこと

あるいはこんなふうに考えると簡単です。

あなたは三本目の手がないからといって不便を感じますか？——感じませんよね。はじめから二本ですから、不便を感じるはずがありません。

悩みが生まれる前の状態こそがリソースであり、心理カウンセラーはその悩みが生まれる前の状態を思い出す手助けをするわけです。

答えは全部、自分の心の中にすでにあります。それが見つからない、あるいはそれをうまく使えないので、苦しんでいるのです。「本当はもっと人生は楽しいはずだった」と知っているから、自分の今の状態との違いに苦しんでいるのです。

悩んでいる人には、悩んでいなかったときの自分があったんじゃないの？　という姿勢でコミュニケーションしていきます。そのように接していくと、催眠が解け、希望の方に意識が動き、悩みから離れられることができるのです。

もうひとつ、いいことがあります。それは、**自分にはリソースがあると信じることができると、前よりも自分を好きになれる**のです。ところが逆に「私には何もいいところがない」

と言った瞬間に、その人はリソースに気づくチャンスを失ってしまうのです。

素早く「悪い催眠を解く」効果的な方法

◎催眠や暗示を解くには「即答」が効果的

友人が、なにかおかしな催眠にかかっているとします。それはおかしいよ、それは違うよ、と気づかせてあげたいのですが、本人は信じ込んでしまっているためなかなかうまくできません。

そんなときは、簡単な方法があります。

まず次の三つの言葉をしっかり覚えておくのです。

「どうしてわかるの？」
「誰と（何と）比べて？」
「例外もあるよ」

相手が何かの暗示にかかっている場合、気づかせる最良の方法は「即答」です。この三つの言葉を用意しておいて、即座に暗示を解いてあげるのです。

さて、どんなふうになるのか試してみましょう。

たとえば、私はこんなふうに質問します。

「Aさんは、本をよく読まれますか？」
「そうですね、けっこう読むほうだと思います」
「読み始めると、読むのは速いほうですか、遅いほうですか」
「落ち着いてじっくり読むほうなんで……けっこう、遅いですね」

Aさんは、すでに暗示にかかっています。そこで私は言います。


「Aさん、あなたは本をよく読むほうだと言いましたが、地球上には現在六四億の人間がいます。誰と比べているんでしょうか。そしてどうやって読む速度を調べたんですか？」

「いや、そう言われると……そんなこと考えたこともありませんでした」

「ところで、Aさん、もう一度訊いていいですか？　あなたは本をよく読むほうでしょうか？」

「………（苦笑）」


Aさんはもう答えられません。暗示が解けてしまったからです。この三つの言葉を用意しておくだけで、簡単に前向きな助言やアドバイスができるようになります。

◎「みんなに嫌われている」の「みんな」って誰ですか？

「先生、ボク、みんなに嫌われているんです」

「そうですか、ところで、私はあなたのこと、嫌ってますか？」

「いや、先生は嫌っていないと思いますけど」

「私には妻がいるんですが、私の妻もあなたを嫌っていますかね？」

「いや、会ったこともありません」

「私には子どももいるんですが、うちの子どももあなたを嫌ってますかね？」

「だから、会ったことないって言ってるでしょ」

「では、みんなじゃありませんね。みんなって言うのはもうやめませんか？」


彼はみんなに嫌われているわけではないのです。みんなに嫌われているわけではないのに、みんなに嫌われているという催眠を自分にかけ続けているだけなのです。

すぐに適切な反論や反証ができなくても、「どうしてわかるの？」「誰と比べて？」「例外もあるよ」と、その場で即答することで、暗示を意識化し、催眠を解くことができます。

この場合、即答というのが、キーポイントです。すぐに返事をして意識化を促さないと、また催眠の中に入ってしまうからです。

「主語」の削除と回復がもたらす不思議な説得力

◎「主語」をわざと抜くことで説得力を持たせる方法

オフィシャルな場では、よく「君の話には主語がないからわかりにくい」と叱られたりしますが、一般的な会話の場合には主語がないほうが話の普遍性が強化され、説得力がぐんとアップするのです。

たとえば、「男はやっぱり、男らしくしないといけない。それに女はやっぱりやさしいのがいちばんだよ」と言われると、人はことさら不自然には感じません。特に反論する必要もないので「まあ、そうだね」などとつい同意してしまいます。

ところがそのあとに、「……って、死んだおじいちゃんが言っていたよ」と、主語を付け加えると、「そんな考え、ちょっと古臭いんじゃない？」と急に気持ちが変わってしまうのです。

逆にいえば、**主語をわざと抜くだけで、相手はその話を信用するようになります。**話におもしろおかしいエンタテインメント性、興味深さが加われば、その傾向はますます強くなります。

「ねえねえ、逮捕された元ＩＴ企業の社長ってさ、こうこうこうだったらしいよ」

こう言うと、人は「エッ、本当？」とすぐに興味を持つでしょう。わざわざ「それ誰が言っていたの？」とはまず誰も突っ込みません。わざと主語を抜くことで、普通なら知らない情報をこの人が知っていてもおかしくない――という暗示が入ってしまうのです。

この催眠を解くためには、「誰に聞いたの？」と訊けばいいのです。つまり主語を回復させれば、催眠のサイクルから抜け出すことができるのです。

◎暗示を解くには「主語」を回復させる

同じことは、自分自身についても起きています。自分で決めたことならば、自分で変えることができます。というより、自分でしか変えることができないはずなのです。しかし「自分が決めた」という「主語」を忘れていると、自分で自分に暗示をかけ続けることになってしまうのです。

「俺は昔から大きな犬が苦手なんだよ」
「私は小さな頃、溺れかけたことがあるので海が怖いんです」
「ボクは家が貧乏だったので、そんな高価な買い物はできないんです」

言うまでもなく、全部自分で決めたことばかりです。
なのに、それを忘れているので、自分ではどうすることもできないと思い込んでしまうのです。

さらに、自分で決めたことで、自分でしか変えられないことまで、そのことを忘れて人を頼って他人に訊ね始める人も現れるのです。


「きっぱりとタバコをやめられますか？」

「本当にダイエットできるんですか？　二度と太りませんか？」

「別れた人のことや、この辛い気持ちを忘れることができるんでしょうか？」


好ましくないことを、毎日毎日繰り返しているのはあなた本人なのです。

あなたがやっていることに、あなたが気づいて、あなたがやめようと決心し、あなたがそれを実行し、あなたがそれを持続させないと、何も変わらないのです。

あなたという主語が削除されるとどれほどおかしなことになるか、おわかりになったでしょうか？


あえて、もう一度繰り返します。

自分で決めたことならば、自分で変えることができます。というより自分でしか変えることができないはずです。しかし「自分が決めた」という「主語」を忘れていると、自分で自分に暗示をかけ続けることになってしまうのです。

「心理の達人」は、必要に応じて主語を削除して好ましい意図を暗示化したり、あるいは主語を回復させて、暗示となっている好ましくない思い込みを解き、催眠から抜け出すことを手助けすることを考えなければならないのです。

誰の心でも簡単に読める方法

◎「心を読む」魔法の呪文

心を読むことを、マインド・リーディングと言います。日本語でいえば、読心術。そんなことが本当にできたら面白いのですが、実際に心を読むことができるわけではありません。現代催眠やＮＬＰのマインド・リーディングとは、あたかも心を読んでいるかのように話すことをいうのです。

しかしただ「あなたは○○○ですね」などと断定しただけでは効果はありません。よほど見事に言い当てなければ「そうですかね……」と興味も持たれないでしょう。

ところが、断定したあとにちょっとした魔法の呪文を付け加えると面白いことが起きるのです。

それは、「だって○○○でなければ、×××しないはずでしょ」という補強の呪文です。


「Aさんて、この仕事、向いていますよね」

「えっ？　どうしてわかるんですか？」

「だって、向いていなければ、この仕事を続けてやれるはずないでしょ」

「まあ、そうかもしれません」

「この世の中にどれだけ仕事がありますか？　強制されたわけじゃないんでしょう？　その中でこの仕事を選んで、楽しいというのならスゴイことですよ。世の中はそんな人ばかりじゃないですよ。この仕事ができるのは少数派で、あなたはその中に入っているんです。だからあなたはこの仕事が向いているんですよ」


このように言われると、相手は、あたかも心が読まれたような気になって、きっとそうに違いないと思い始めるのです。もともと人はいつも、自分の気持ちを理解してもらいたいという潜在的な欲求を持っています。したがって、心を理解されたかのような言動をされると、抵抗することが難しくなるのです。

◎相手の気持ちを後押しするためのマインド・リーディング

逆にいえば、うまくコミュニケーションをとりたい場合や、相手を励ましてあげたいときは、相手がそう思いたいという気持ちを、後押ししてあげればいいのです。

会社を辞めようと悩んでいる人がいるとします。しかし本当は会社を辞めたがってはいないのが明らかです。そんなときは、こんなマインド・リーディングの方法があります。


「辞めたいと言われていますが、いままで辞めるチャンスはありましたか?」

「ええ、何度もありました」

「では、なんで辞めなかったのですか?」

「わかりません」

「あなたは会社を辞めなくてもいいんです。だって、辞めようと思えば、いつでも辞められたはずでしょう? でも辞めていないのだから、この仕事が合っているんです。そもそも××歳まで会社に勤められたということ自体が才能です。あなたにはこの会社で○○年も働けるというすごい才能があるんです」

こうしたマインド・リーディングは、とくに落ち込んでいる人に対しては有効に働きます。

たとえば、恋人にふられて、悲しんでいる女性がいるとします。


「私、だまされたの。本当に不幸で、あの人を憎んでいるの。あの人なんか、大嫌い。死んじゃえばいい」

「でも、まだ愛しているんでしょ」

「愛してなんかいないわ」

「だって、愛していなければ、別れてそんなに悲しいはずがないじゃない」


あなたは本当はこうなの。だって○○じゃなかったら、××なんてしないはずでしょ、と言ってあげるのです。相手も本当はそう思いたいのです。思いたいけれど、悔しかったり、あるいは考えたくないので悲しんでいるのです。マインド・リーディングでその理由が見つかったと思わせてあげればいい、というのが、心理カウンセラーの発想です。

人は何かを信じたい。その信じたいことを助けてあげる、という方向で助言することにより、心理カウンセラー・レベルのコミュニケーションのコツを身につけることができるのです。

◎マインド・リーディングをされたくないときの対処法

逆に、そうした催眠にかかりたくない場合、つまりマインド・リーディングをされたくない場合は、「実際に心を読んでいるわけではない」ことを指摘して、落ち着いて反論すればいいのです。


「帰るのが遅くなるのなら、どうして電話してくれないの？」

「ごめん。つい忘れちゃったんだ」

「私のことはどうでもいいの？　だって気にしてたら忘れるはずないじゃない」

「君のことはずっと考えていたよ。忘れたのは電話をすることだけなんだ」

「本当？」

「本当だよ。だから早く帰ることで頭がいっぱいで電話で適当なことを言ってごまかすのを忘れていたんだよ」

さらに「だから○○なんだよ」と、「心理の達人」は、必要に応じて新たな催眠をかけておくことも忘れてはいけません。

心の地図を書き換える方法

◎アンカーリングは「感情を持ち歩く心理テクニック」

現代催眠やＮＬＰには、心の地図（記憶とつながった感情）を書き換える心理テクニックがあります。アンカーリングがその代表的なものです。

アンカーリングとは、文字通り、碇《いかり》をおろすという意味です。

そこに碇をおろしていれば、いつでもそこに戻ることで、そのときの自分の気持ちを取り戻すことができるのです。私はこのアンカーリングを「感情を持ち歩く心理テクニック」と呼んでいます。もし不幸なだれかを幸福にしたければ、その人が幸福だったころの気持ちに連れ戻せばいいのです。

◎離婚を思いとどまらせたアンカーリングの手法

有名な米国の心理カウンセリングの話を紹介します。

ある心理カウンセラーのもとに、離婚したいという夫婦が訪れました。彼らはお互いに憎しみあって、疲れ切っていました。心理カウンセラーは、その夫婦に訊きました。

「あなたたちはお互いにどんな思いを持っていますか？」

「不満だらけです。お互いに、嫌な思いをたくさん持っています」

「わかりました。では、今日はこれが最後の手紙だと思って、相手のよかったところを、無理やりでも、こじつけでもいいですから二〇個書き出して、その手紙をお互いに渡して別れてください」

夫婦は、しぶしぶ無理やり相手のよかったところを思い出して書き始めました。以前は優しかった、結婚したころはこんなこともしてくれた、結婚する前は誕生日に花束もくれた……。

すると、時間をかけて書いていくうちに、少しずつ気持ちが変わってきたのです。最近では思い出せなかった温かく懐かしい感情がいくつも浮かんできたのです。

そして書き終わるころには、来たときとはまったく違う感情でいっぱいになっていました。やがてどちらともなく二人が言いました。

「やっぱり離婚はやめます……やり直してみることにします」

これがアンカーリングです。碇をおろしていたところへ記憶や意識を向けていくと、無意識のうちに、その時の感情が浮かんでくるのです。

もちろん、その場で「許せないことや腹が立ったことを書いてください」と言えば、感情もそちらの方へ向かっていったでしょう。それもアンカーリングです。要するに意識を持っていく場所によって気持ちを変えていく。つまり「心の地図を書き換える」心理テクニックなのです。

◎碇のおろしてある場所を見つける

このアンカーリングは、筆者も心理カウンセリングでの際に使用しています。特に古典催眠の誘導中は、理性が弱くなるため、このテクニックで浮かぶリアルな記憶や感情は通常の何倍もの強さで作用します。

ただし、相談者を幸福だったころの気持ちに連れ戻すといっても、ただ単に「さあ、あなたは今から楽しいことを思い出します！」ではダメなのです。

それができないと思い込んでいたり、そこに行けない理由があって苦しんでいることもあるのです。

そんなときは前もってその人のアンカーリング、つまり碇のおろしてある場所を見つけておく必要があります。たとえば、その人との会話の中で、動物の話がよく出てきたら、その話をしているときの目線の動きや表情から、動物と好ましい感情や体験が結びついているかどうかを判断しておくのです。

それが確認できたら、動物の記憶をアンカーとして採用するといった具合です。

ちょっと意外なものや体験が好ましいアンカーになっていたり、その逆もあるので注意が必要です。

本質を変えずに印象を変える方法

◎好きな曲がかかるとボリュームを上げてしまうのはなぜ？

サブ・モダリティーというのは、本質を変えずに印象だけ変える、という心理テクニックです。モノには本質があって、その本質が人間に印象を与えています。しかし、本質を変えなくても、その印象を大きく変えられる場合があるのです。

こんな体験はありませんか？

夜中にテレビで深夜番組を観ています。確か前に一度観たことがあるホラー映画です。もうすぐ登場人物が惨殺されるシーンがやってきます。

「あ、あの人殺されるぞ。後ろからグサッとやられるんだ。うわぁ、もうすぐあのシーンだ」

そう思って、思わずボリュームを下げたことはありませんか？

でも、考えてみたらボリュームを下げたからといって、ストーリーが変わるわけではありません。ところが怖さは少し減るのです。本質は変わらないけれど、属性や性質（この場合は聴覚的な音）を変えることで、感じる気持ち、与えられる印象は明らかに変わってきます。

あるいは、家でラジオを聴きながら仕事をしているときに、とてもお気に入りの曲が流れてきます。

「あ、これ、好きな曲だ」と思うと、あなたはどうしますか？

きっとボリュームを上げるでしょう。もちろんボリュームを上げたからといって曲が変わるわけではないのですが、好きな曲を聴くのは小さな音より大きな音のほうが、より楽しい気持ちになれるのです。思わずリズムを取って身体が動き出してしまうかもしれません。

このようにあなたは、知らないうちにサブ・モダリティーのテクニックを使っているのです。「心理の達人」は、こうしたサブ・モダリティーという技法を、意識的に意図的に使っています。

たとえば、会社の営業戦略で成績上位者を表彰するとき、小さな賞状より大きな賞状の方が、本人にやる気を与えるモチベーションは高まるに違いありません。これは、視覚的なサブ・モダリティーを利用したものです。もちろん本質は変わらないけれど、与える印象を大きくできるわけです。

いいことは大きくする、嫌なことは小さくする。そんな簡単なことでも気持ちを変えるために役に立つのです。

◎不愉快なメールを受け取ったらどうする？

次のような例はどうでしょう。

あなたはパソコンの中に、読むと不愉快になるメールを残していませんか？

これは筆者の体験なのですが、あるとき私あてに非常に不愉快なメールが一通届きました。あまりに腹が立ったので、いつかなんとかしてやろうと思い、そのメールを保存しておいたのです。

しかしよく考えたら、それを保存しておけば、いつかまた読むかもしれない。そして読めばまた必ず腹が立ちます。つまりわざわざ自分で自分が不愉快になる用意をしていたわけです。

相手は一回しかメールを出していません。つまり一発しか殴っていないようなものです。ところがその保存したメールを、私が三回見れば三回不愉快になる。つまり三発殴られたようなものです。

それに気がついて、私は不愉快なメールをすぐに消去しました。これなら相手は一発殴ったつもりでも、私は一発も殴られていないことになります。

これはつまり、本質を変えないで印象や気持ちを変えるサブ・モダリティーのテクニックを応用したわけです。

◎マイナスなことを好転させる技法

リフレーミングとは、文字通り「リ・フレーミング」、すなわち対象となるモノの見方を変えることによって、その意味を変える、あるいは状況を変えることです。

この心理テクニックを使うと、面白いように意味や状況を変えて、気持ちが変えられるのです。

◎絨毯《じゅうたん》についた足跡の「意味」が変わる

あるとき、心理カウンセラーのところに一人の主婦がやってきました。

「私は絨毯が趣味なんです」
「けっこうじゃないですか」

「ペルシャ絨毯とかね、一枚八〇万円もする絨毯もあるんですよ」

「いいですね。で、何が悩みなんですか？」

「うちの家族が、絨毯に全然興味がなくて、絨毯を踏むんです」

「そりゃ、絨毯ですから踏むでしょう」

「でも、先生。踏み方が乱暴なんです。愛情がないっていうか、足跡がついている感じがするんです。もう我慢できません」


心理カウンセラーは、その主婦を想像力と感情が豊かになるように催眠状態に誘導して、次のようにイメージさせたのです。


「あなたは、ご主人が好きですか？　お子さんのことは？　もちろん大好きですよね。でも残念なことに、ちょっとした事故があって、お子さんを交通事故で亡くしてしまったんです。ご主人もすごく落ち込んで、離婚してしまいました。あなたは一人ぼっちになってしまったのです。家には誰もいません。

家族はもう誰もいないんです………。どんな気持ちですか？」

「………（涙）」

「寂しいですか？ ごめんなさい。今のイメージは間違いでした。あなたは夢を見ていただけなのです。本当は、ご主人はちゃんといるし、お子さんも元気なんですよ。家の中では、みんな元気に走り回っています。家族はみんな揃ってますよ。それが証拠に、あなたの絨毯に家族の足跡がついているでしょう？」

「………よかったぁ」

主婦は、涙ぐんで、絨毯に足跡がついていることを心から喜びました。そして絨毯に対するおかしなこだわりもなくなりました。絨毯についているという足跡の意味が変わったのです。

これが物事の意味を変えるリフレーミングの使用例です。

◎企業のピンチをチャンスに変えた見事なリフレーミング

次にリフレーミングで状況を変える手法を紹介しましょう。悪い状況をよい状況に変えていくというテクニックです。有名なエピソードを紹介しましょう。

今から五〇年ほど前、アメリカに大きな洗剤の会社がありました。ある時ミシシッピー川の下流の工場で、大変な問題が起こったのです。それは世界で最初の公害問題でした。

当時、とても優秀な仕事のできる一人の男が社長に呼ばれて、「工場長として対処せよ」と出向させられたのです。

彼が行ってみると、大変なことになっていました。

工場の廃液を処理するシステムを全部改造して、きれいな水に還元し、川の水をきれいにしようとすれば膨大な費用がかかります。どう考えても、通常ではこの費用を捻出《ねんしゅつ》できそうにありません。

そこで工場長は、この費用を本社に出してもらうことにしました。

彼は社長に連絡します。

「どうだ、そちらの様子は？」
「チャンスです」
「何がチャンスなんだ？」
「お金を出してください。〇〇〇万ドルくらいかかります」

「なんだって？　何に使うんだ？」

「ここにはすごい公害の情報があります。この情報を利用して、世界で最初の公害研究所をつくりましょう」


工場長はそう言ったのです。

この先、このような問題は必ずどんどん増えてくるに違いない。いろいろな会社が、公害を処理するにはどうすればいいか悩み出す。さまざまなデータや技術を提供するコンサルティングが必要になる。それを最初にやっておけば、うちの会社が、世界で最初の公害研究所になれる。コンサルティングで莫大な利益を得ることができる——と、社長を説得したのです。

これが、まさに状況を変えるリフレーミングです。

世界で最初の公害。それは確かに最悪の状況ですが、それを「世界で最初の公害を体験することができた」とリフレーミングすることで、ピンチをチャンスに変えたのです。

どんな状況であっても、ただ良い・悪いというものはありません。その状況をとらえてどう使うかという発想と、転換させるリフレーミングが重要となるのです。

おわりに

私が「古典催眠と現代催眠を駆使する心理療法」という仕事に関わって一五年以上が経ちます。

毎日この仕事をしている私にとっては、何の不思議も珍しいこともない日常ですが、初対面の人や一〇年来の知人に会って仕事の話をすると、その相手の反応から、この仕事がまだまだ世間では理解されにくい、誤解の多いものであることを実感せざるを得ません。

「催眠」などという、自分の目で見たり、体験できないものに出会ったとき、人は信用できるかできないかを判断するにあたり、「科学的か否か」ということを考えるのではないかと思います。

辞書によると科学とは「実証性と論理的推論に基づく整合性の体系」だそうですが、これだと難解なので少々乱暴にかみ砕いてやるとこういうことになります。科学とは「誰が試してみても同じようになって、誰が考えてもそのように思えるほど、つじつまが合っていると認めること」。それくらい確かなこと……これなら「科学的か否か」判断しやすくなります。

しかしこれを「催眠」について当てはめて判断してみるとどうでしょう。ちょっと考えただけで確かめられないことばかりで、怪しくなってしまうことがすぐわかります。

まず、催眠は誰にでもかけられませんし、誰でも同じようにかかるわけではありません。催眠にかかった人の言動など何一つとっても、つじつまの合わないことばかりです。

つまり「催眠は科学か否か」と訊かれれば、「科学ではない」ことが明白なのです。しかし「科学であるか否か」と「科学的であるか否か」ではちょっと意味が違ってきます。私たちにとって重要なのは「科学的に考え、科学的に評価し、科学的に役立てる」ことなのです。

科学雑誌「ニュートン」の編集長で東京大学名誉教授だった竹内均博士の著書『科学的思考とは何か』の中に次のような趣旨の記述があります。私はこの一文で、竹内博士を尊敬するようになりました。

「あなたの近くにいる科学者に、科学に何ができるかと訊けば、彼はこう答えるだろう。科学には三つの喜びがある。それは説明できる喜び。予測できる喜び。そして制御できる喜びだ。と」

つまり博士は「科学とは不可解なことを解明してくれて、こうすればどうなるかあらかじめ知らせてくれて、それを好ましい結果になるように力を貸してくれるものだ」と定義したわけです。

私はこの簡潔で魅力的な文章を読んだとき、思わず身震いするほど感動しました（何を隠そう、私の子供の頃の夢は科学者になることでしたから……）。

そして以後、私は、ものごとを考えるにあたっては、竹内博士流の「科学的価値」を見いだすことを目標にしてきました。それこそが「科学的に考える」ことの本質と信じているのです。

研究する対象が何かではなく、なんのためにどのような方法で研究するのかが大切なのです。そうでないと「研究対象」への価値評価が始まってしまい、おかしなことが起きてしまいます。

日本で初めて正式に念写や透視能力を研究した福来友吉博士の話はあまりにも有名です。彼は終始、推論・検証を繰り返す科学者たる姿勢で臨んだにもかかわらず「世間を惑わす超常現象を研究した」という的外れな理由で大学を追放されてしまったのです。

研究方法が適切か否かが問われるべきはずの問題が、研究対象そのものの可否にすり替わったために起きた悲劇です。これも「科学的」という意味を取り違えた結果だと思います。「催眠」に関してもこれと同じ失敗、同じ間違いを犯すべきではありません。

「催眠」についても考えるべきは「催眠が怪しいか否か」ではなく「催眠は科学か否か」でもありません。「催眠が役立つように研究・実践されているか、否か」こそが問われるべき価値なのです。

科学的に「催眠と心理」がわかりやすく解明される喜び

↓催眠サイクルに入ること・暗示がかかるとはどういうことかを解説しました。

科学的に「催眠と心理」で人の判断や行動を予測できる喜び

↓欲求心理学応用心理学によって、人が何を求め・何を恐れ・何を実現するために行動するのかを、また暗示にかかると（暗示が解けると）どうなるかを解説しました。

科学的に「催眠と心理」で心をもっと元気で健康な状態にコントロールする喜び

↓人の心を解放し、自立を促し、思ったとおり生きられる人生にするために心理学・心理技術が、どのように使えるのかを解説し、具体的な秘術を紹介しました。

本書でご紹介した極意は、心を科学的に考え、よりよい人生を実現するために役立つものばかりです。今日から存分に活用して、魅力的な人生を実現されることを願っています。

心理カウンセラー　前田大輔

本書は、２００６年４月に刊行された
『プロカウンセラーの「心理の達人」マニュアル』（秀和システム）を改題・再編集いたしました。

〈著者プロフィール〉
前田大輔（まえだ・だいすけ）
兵庫県神戸市生まれ。甲南大学文学部社会学科卒。専攻は哲学と社会心理学。
ミュージシャン、マクドナルドMGR、学習塾講師、PC教室経営などを経て
心理カウンセラーとして独立開業。2001年に催眠技能を駆使し通院せずに
一日一回で完了する心療施術「かけずに解く催眠療法（特許登録第5037564
号）」を開発する。
心理系の著書10冊を執筆、テレビ出演多数。現在も年間300件以上の臨床
カウンセリングをこなし経営者向けセミナー・プロ心療家への助言などを手がける。

NPO法人日本心理カウンセラー協会 代表理事
パーソナルスタイリスト・イン・ジャパン協会 理事
米国ＦＲＡ連邦捜査官ＳＩＡジャパン特別講師
一般社団法人日本フリーランスウーマン協会 顧問
一般社団法人「戦略総研」アドバイザー
日本経営開発協会・関西経営管理協会 登録講師
株式会社キャスティング・ボイス／スペシャリスト
株式会社エーディーラボ 代表取締役

【公式サイト】
心理とコミュニケーションの達人
http://maeda-daisuke.com/index.html
心身症改善のスペシャリスト
http://maeda-daisuke.net/index.html

フォーマットデザイン／Panix（斎藤啓一）
カバーデザイン／金井久幸、高橋美緒（TwoThree）
ＤＴＰ／白石知美（株式会社システムタンク）

プロカウンセラーの一瞬で心を見抜く技術

2013年8月23日　　初版発行

著　者　前田大輔
発行者　太田　宏
発行所　フォレスト出版株式会社
〒162-0824 東京都新宿区揚場町2-18　白宝ビル5F
電話　03-5229-5750（営業）
03-5229-5757（編集）
URL　http://www.forestpub.co.jp

印刷・製本　中央精版印刷株式会社

ISBN978-4-89451-938-1　Printed in Japan

フォレスト2545新書

001	「損する生き方」のススメ	ひろさちや 石井裕之
002	脳と心の洗い方	苫米地英人
003	大好きなことをしてお金持ちになる	本田　健
004	あなたの会社が90日で儲かる！	神田昌典
005	2020年の教科書	菅下清廣
006	会社にお金が残らない本当の理由	岡本吏郎
007	なぜ、あの人は焼き肉やビールを飲み食いしても太らないのか？	饗庭秀直
008	富を手にする「ただひとつ」の法則	ウォレス・D・ワトルズ著 宇治田郁江訳
009	借金社長のための会計講座	小堺桂悦郎

010	リーダーが忘れてはならない3つの人間心理	小阪裕司
011	行動科学で人生を変える	石田　淳
012	私に売れないモノはない！	ジョー・ジラード、スタンリー・H・ブラウン　著／石原薫　訳
013	コミュニケーション力を高める文章の技術	芦永奈雄
014	38歳までにするべき3つのこと	箱田忠昭
015	なぜ、脳は神を創ったのか？	苫米地英人
016	「お金」と「自由」を手に入れる！経済自由人という生き方	本田　健
017	怒らない技術	嶋津良智
018	テロリスト化するクレーマーたち	毛利元貞
019	あなたにも来る怖い相続	松田茂樹

020	一生クビにならない脳	篠原菊紀
021	「論理力」短期集中講座	出口　汪
022	日本人の小学生に100%英語をマスターさせる法	鵜沢戸久子
023	MBAで学ぶ負けない戦略思考「ゲーム理論」入門	若菜力人
024	ローマ字で読むな！	船津　洋
025	短く伝える技術	山田進一
026	バイリンガルは二重人格	苫米地英人
027	トラウマを消す技術	マイケル・ボルダック著 堀江信宏訳
028	世界に通用する子供の育て方	中嶋嶺雄
029	日本人のためのフェイスブック入門	松宮義仁

030	なぜか、人とお金がついてくる 50の習慣	たかの友梨
031	お金が貯まる！ 家の買い方	浦田　健
032	新「伸びる人」の条件	安達元一
033	体内時計を調節する技術	平澤栄次
034	ゾーンに入る技術	辻　秀一
035	コーチが教える！ 「すぐやる」技術	井上裕之
036	一人でも部下がいる人のための パワハラ入門	千葉　博
037	「オトナ脳」は 学習できない！	苫米地英人
038	日本人のための スマートフォン入門	松宮義仁
039	日本人だけが知らない！ 世界標準のコミュニケーション術	近藤藤太

050	なぜ、あの人の「主張」だけ通るのか?	太田龍樹
051	「遊ぶ人」ほど成功するホントの理由	佐藤富雄
052	一流をつくる「直感力」トレーニング	児玉光雄
053	数字はウソをつく	平林亮子
054	なぜ、留学生の99%は英語ができないのか?	藤永丈司
055	「できる人」を1分で見抜く77の法則	谷所健一郎
056	リーダーの「新常識」	石田　淳
057	悩まずに!今すぐ顧客が集まるマーケティング	町田和隆
058	5感を揺さぶり相手を口説くプレゼンテーション	小林弘茂
059	中国美人の正体	宮脇淳子 福島香織

060	怒らない技術2	嶋津良智
061	年収200万円からの「結婚してお金持ちになる」方法	谷所健一郎
062	メダリストの言葉はなぜ心に響くのか?	青島健太
063	一瞬であなたの人生を変えるシンプルな習慣	佐藤富雄
064	思い通りに人をあやつる101の心理テクニック	神岡真司
065	ビジネスマンのためのコンビニ栄養学	北嶋佳奈
066	天才なのに消える人 凡才だけど生き残る人	小宮山悟
067	情報量が10倍になるNLP速読法	松島直也
068	まとめる技術	中竹竜二
069	ライバルに差をつける半径5m活用思考	森　吉弘

080	忙しい人のための マラソン講座	前田浩実 金子裕代
081	最短で最高の結果を出す 「超効率」勉強法	横溝慎一郎
082	人は誰でも候補者になれる!	石井貴士
083	読むだけで絶対やめられる 禁パチセラピー	パチン・カー
084	「話す力」を身につける本	福田健
085	日本人のためのkindle入門	松宮義仁
086	手強い相手の懐に入る技術	内田雅章
087	みっともない男にならない 生き方	桜井章一
088	「面倒くさい人」と 賢くつき合う心理学	齊藤勇